彦根城下町検定

公式テキストブック

ひこにゃんと城下町を学ぶ本

彦根商店街連盟 編

「ひこにゃん」ってにゃんだ？

赤い兜の白いネコ

ひこにゃんは、「国宝・彦根城築城400年祭」（2007年3月21日～11月25日）のキャラクター。開幕前は県外にも〝出陣〟して400年祭をPRしてきた。

赤い兜《かぶと》をかぶった白いネコというデザインを手掛けたのは、大阪のキャラクター作家もへろん氏。つぶらな瞳の「ゆるい」表情が特徴で、着ぐるみの愛らしいしぐさなどがメディアに取り上げられ、インターネット上を連日賑わせている。その人気はもはや全国的なものだといえるだろう。

会期中は毎日、決まった時間帯に彦根城天守付近や彦根城博物館に姿を現すことになっており、そのタイミングをねらって訪れる人も少なくない。ひこにゃんを見るために彦根城に行くという熱烈な追っかけファンもいるほどだ。

彦根への観光客を確実に増やしたといえる、ひこにゃん。まさに、千客万来の「招き猫」として大活躍しているのだ。

国宝・彦根城築城400年祭キャラクター
ひこにゃん

ひこにゃんと「招き猫伝説」

次のような「招き猫伝説」がある。

彦根藩2代藩主井伊直孝が、鷹狩りの帰りに江戸近郊の弘徳庵の前で手招きするようなネコに誘われて寺に入り、和尚と話をしている間に外は雷雨となった。雷雨を避けられた直孝は喜び、その後もたびたび寺を訪れた。後に直孝の法名から豪徳寺と名付けられ、井伊家の菩提寺となった。

ひこにゃんは、この伝説をもとに生まれたキャラクターなのである。

東京世田谷の豪徳寺

豪徳寺内の招き猫

これが「ひこにゃん」だ！

2006年5月25日、人前に姿を現した着ぐるみひこにゃん。
「国宝・彦根城築城400年祭」開幕300日前のことでした。

トレードマーク

白いお顔につぶらな瞳
このゆる〜い表情がたまらない、癒しのお顔。見てる方が思わずにんまり。

赤い兜
彦根藩主・井伊家由来の「赤備え」の兜。黄色い角は、別名「バナナ」。

鈴
丸くて大きな鈴。両手で叩いて鳴らす（鳴らないときも…）。

ぽっちゃり体型
この体でくねくね動き、とことこ歩くので、そんな姿が見る者の心をくすぐる。

後ろ姿にも癒されます…

プロフィール

●愛称：ひこにゃん
全国公募に寄せられた1167件（愛称数788点）から選ばれ、2006年4月13日発表。彦根の「ひこ」と猫の鳴き声「にゃん」をかけあわせたもの。400年祭の公式ブログでは、スタッフやファンから「モチ（さん）」というもうひとつの愛称でも呼ばれている。

●趣味：散歩
彦根城の周辺を散歩すること。

●特技：ひこにゃんじゃんけん（じゃいけん）、鈴叩き、正座
その他、日々研鑽しているようで、新たな技を続々披露してくれる。

●仕事：「国宝・彦根城築城400年祭」のPR
会期中は毎日、お城を中心にまちのどこかに登場。スケジュールびっしりで忙しいにゃん！

発刊によせて

彦根商店街連盟では、全国でも唯一商店街連盟が主催するというご当地検定「彦根城下町検定」を2005年より開催し、本年は第3回を迎えることとなりました。おかげさまで毎回多くの方に受検いただいております。そして受検されたみなさんから「受検参考書がほしい」とのご要請を受けて、このたび本書を発行することとなりました。

城下町彦根は本年、国宝・彦根城築城400年祭が盛大に開催されており、キャラクター「ひこにゃん」効果も大きく、県内外より多くのお客様がお見えになっています。私ども彦根商店街連盟でも、商店街まちなかギャラリーを各商店街で開催し、ともに大きなイベントに協賛しています。また市民が一丸となって盛り上げようとしているようすは、必ずや明日の彦根のまちの活性化に寄与するものと確信しています。

ご承知のように京都検定をはじめとし、今や全国各地で検定ブームとなっていますが、この現象は、わがまちのすばらしさの再発見という要素が非常に大きいのではないかと考えます。こうしたことから、本書を受検のための参考書というだけでなく、城下町彦根の再発見に結びつけることができるのではないかと思います。編集にあたって彦根市・彦根城博物館をはじめ関係各位の格段のご協力をいただきましたことを心より感謝申し上げます。本書を彦根城下町再発見にお役に立てていただくことができ、より多くの市民のみなさまにご愛読いただきますことを念じております。

2007年7月

彦根商店街連盟　会長　木下良蔵

彦根城下町検定公式テキストブック
ひこにゃんと城下町を学ぶ本

目次

第1章

彦根山・佐和山と彦根城

観音信仰の霊場・彦根山――1089年のにぎわい

彦根寺のご利益《りやく》

彦根山は、古くは平安時代より、観音信仰の霊場として知られていました。

彦根寺の霊験のおかげで目が見えるようになった僧の話が伝わっています。承暦3年（1079）、摂津国水田郡石良里（大阪府）に住む僧徳満《とくまん》は、20歳にして突然両眼が見えなくなりました。3年がたち、京都の鞍馬寺《くらまでら》に参詣しましたが効果は現れず、次に奈良の長谷寺《はせでら》で祈りました。祈祷《きとう》開始から7日たった日、夢に老僧があらわれ、自分の力では病気を治すことができないので、近江国犬上郡の彦根山西寺観音に行って祈祷すれば3日のうちに霊験があるだろうというお告げがありました。夢から覚めた徳満は、長谷寺を出て3月9日に彦根山西寺に到着し、祈願をすること3日、突然両眼が開き、仏前の灯明を目にすることができたのでした。彼はその後も寺で修行を続けたということです。

この話は、「扶桑略記《ふそうりゃっき》」という仏教的な事柄を集めた歴史書に記されています。

貴族の彦根参詣

この話が京都に伝わったかどうかはわかりませんが、寛治3年（1089）に彦根参詣ブームともいえる現象が起こっています。京の都から、公卿から庶民まで老若男女を問わず多くの人が参詣しました。

そのきっかけとなったのは内大臣・藤原師通《ふじわらのもろみち》（1062―1099）。藤原道長の曾孫で、のちに関白となった京都の貴族です。28歳にして突然耳の聞こえが悪くなった師通は、11月28日、彦根山西寺へ参詣して祈願したところ、たちまち治ったという

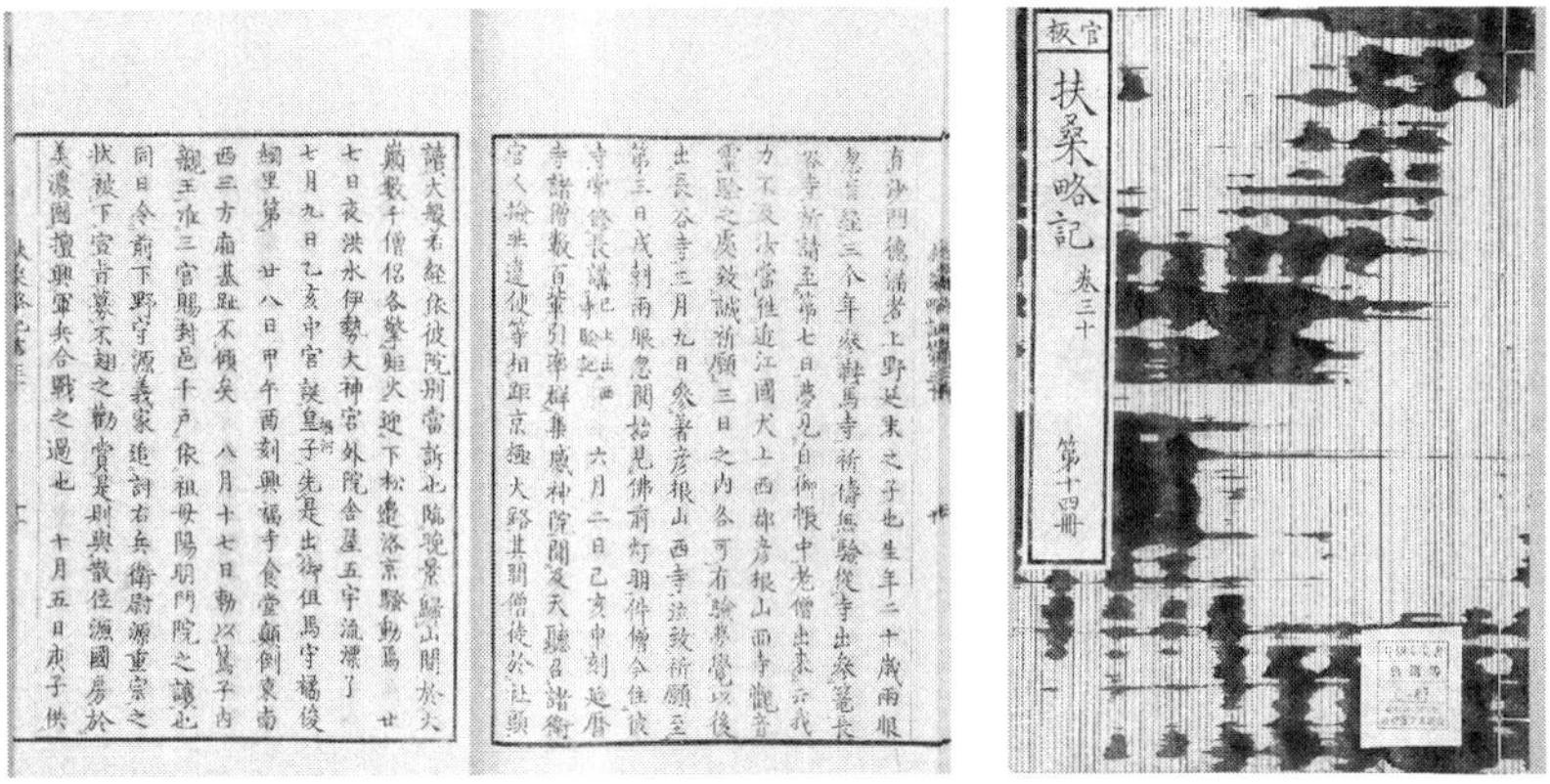

扶桑略記（彦根城博物館蔵）

ことです。霊験に感服した師通は、12月10日にも再び参詣しています。その後、師通の父で摂政《せっしょう》の藤《ふじ》原師実《わらのもろざね》と左大臣源俊房も参詣し、ついに白河上皇《しらかわじょうこう》までも側近を引き連れて参詣したことが当時の公卿の日記に記されています。

この頃彦根に参詣した大納言源経信は、次のような和歌を詠んでいます。

彦根山あまねきかどと聞きしより八重《やえ》の雲居に
惑《まど》ひぬるかな（「経信集」）

このように、上皇や公卿たちがこぞって参詣したのは、観音の霊験は今年中だけだという説が流布しており、ご利益を得るには年内に参詣しなければならないと信じられたからでした。摂関家の貴公子の病気を治した彦根寺の霊験は、上皇や摂政をはじめとする公卿に都を数日間も離れさせるほどの魅力があったのでしょう。

築城前の彦根の姿

彦根山の姿

築城前の彦根のようすを描いた絵図によると、彦根山に向かって南側からまっすぐ並木道が続いています。この道は「巡礼街道《じゅんれいかいどう》」「御幸道《ごこう》」などと呼ばれており、彦根山への参詣道であったことがわかります。

彦根山はいくつもの峰が連なっており、江戸時代のようすとはかなり異なっています。峰の間には寺院が建ち並んでいました。中央には観音札所であった観音堂、彦根寺、東の峰には門甲寺《もんこうじ》や尾末山があり湖岸近くには石上寺や長尾山がありました。また、もっとも琵琶湖寄りに、白石という一丈もある大きな石があり、日光が当たると輝いて見えた。それが鳥魚の猟をする妨げになったため、民によって掘り出されて地中に埋められ、その上に石上寺が建立されたという伝承も残っています。

今に残る彦根信仰の跡

彦根山に彦根城を築くにあたって、彦根山にあった寺社は山の麓におろされました。北野寺に安置されている役行者像《えんのぎょうじゃぞう》は室町時代の作で、もともと彦根寺に祀られていたことがわかっています。聞光寺《もんこうじ》は、彦根山にあった「門甲寺」が山からおりて名前を変えたと伝えられ、白河上皇勅額との伝承を持つ「金亀山門甲寺」という寺号の額が伝わっています。

百済寺《ひゃくさいじ》（東近江市）には、彦根寺にあった銅鑼《どら》と鈸子《ばっし》が伝わっています。そこには、鎌倉時代の建長8年（1259）に、彦根寺の僧義光が納めたと記されています。

役行者像（北野寺蔵）

彦根寺にあった銅鑼（百済寺蔵）

地域の景観

芹川の元の流路の周囲には、彦根村・里根村・安清村・長曽根村などが点在していました。中でも地名の由来ともなった彦根村は、芹川の両岸にわたる大きな村でした。東岸の方が中心で、このあたりには「外村屋敷《とのむらやしき》」があり、地元の有力者外村三郎兵衛の屋敷があったといいます。また、西岸の方は彦根村の中でも中村と呼ばれていました。

この一帯は、集落が点在するほかは、田畑が広がる中に藪や湧水が点在する、のどかな田園地帯でした。城下町ができてそれまでとは一変してしまった彦根の景観ですが、地名から元の姿をたどることができます。また、「犀が淵《さいがふち》」や「梅の井」など、江戸時代にも湧水の痕跡が残っていました。

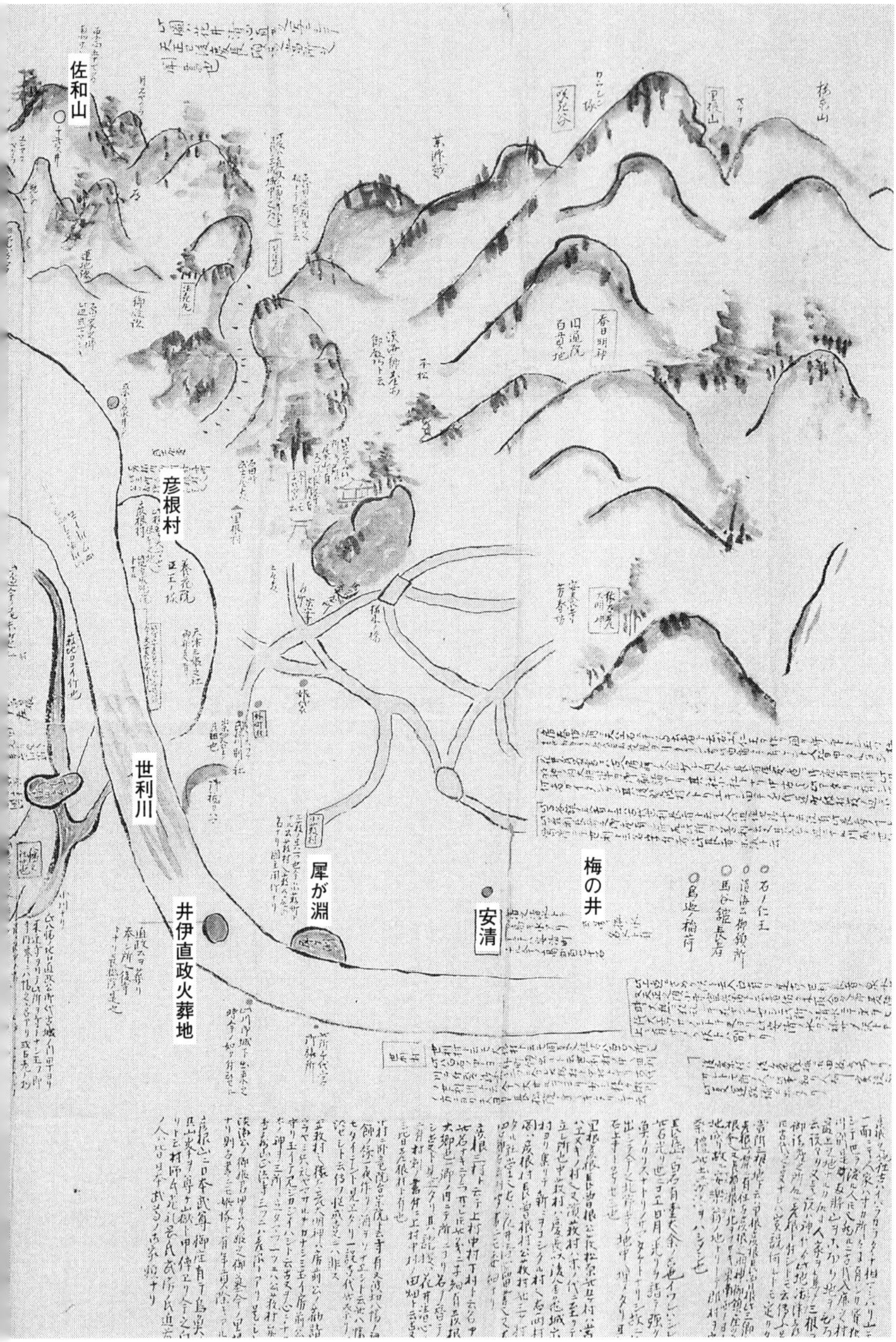
佐和山
彦根村
世利川
井伊直政火葬地
犀が淵
安清
梅の井

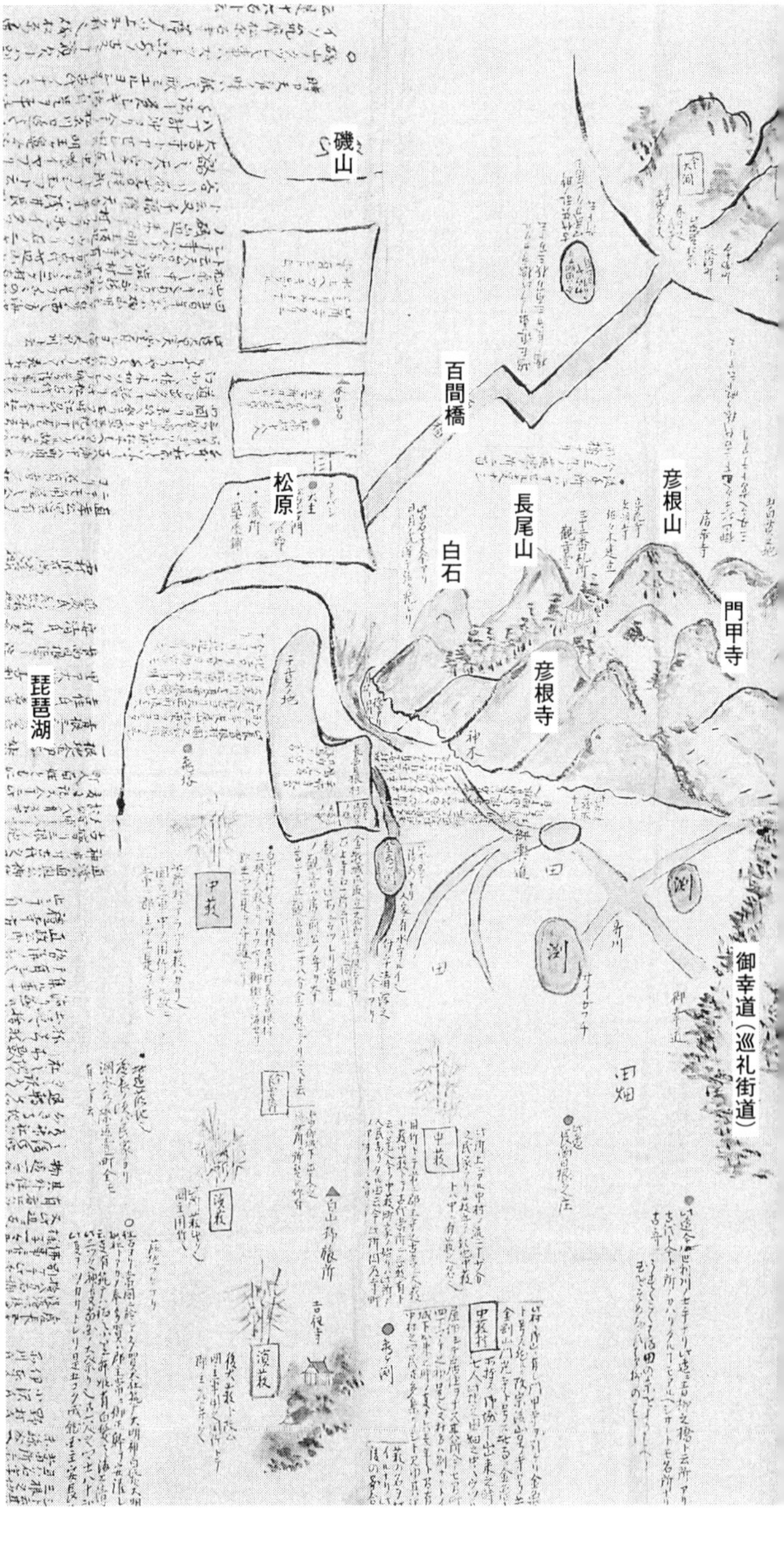

築城前の彦根のようすを描いた図（彦根城博物館蔵）

境界の城・佐和山

佐和山城の歴史

彦根城が建てられる前、この地域で政治的な拠点だったのは佐和山城でした。古くは鎌倉時代初期、佐々木定綱の六男佐保《さほ》時綱《ときつな》が居城したのが最初といわれています。佐和山は、佐保山とも呼ばれ、佐々木一族がこの地に住み着いて地名を苗字としたのでしょう。

佐和山は東国へ通じる東山道と北陸への北国街道の分岐点である上、佐和山の北と西は内湖で、東の鈴鹿山地との谷間に東山道が通っており、戦略上から考えても格好の拠点でした。そのため、戦国時代になるとこの地域では、近江北部の京極氏、その家臣から戦国大名となった浅井《あざい》氏、観音寺城の六角氏といった大名が、境界に位置する佐和山城を支配下に置こうと戦いを繰り返し、勢力地図が塗り替えられるにともなって城主も替わっています。

地域の武士たち

彦根周辺には、国人領主と呼ばれる階層の武士が城館を築いていました。肥田《ひだ》城主高野瀬氏・高宮城

高野瀬秀隆像（崇徳寺蔵）

主高宮氏・山崎山城主山崎氏などがおり、湖東から湖南にかけての大名六角氏や湖北の浅井氏の配下にありました。

肥田《ひだ》城の攻防

永禄2年（1559）から翌3年にかけて、肥田城で大規模ないくさが繰り広げられました。「肥田城の水攻め」と呼ばれています。肥田城主高野瀬秀隆は、父隆重の代から六角氏の配下にありましたが、永禄2年、湖北の浅井氏に味方することに方針を転換したため、敵対することになった六角氏が攻撃してきたのです。肥田城に立て籠もった高野瀬氏に対し、六角義賢《ろっかくよしかた》は配下の武将に命じて、宇曽川《うそがわ》の水をせき止めて城の周りに土塁を築かせ、水で城を取り囲んで肥田城からの出入りを遮断しました。しかし、洪水によって堤防が崩れること2度、水攻めは失敗に終わりました。その後高野瀬氏は浅井方の磯野員昌《いそのかずまさ》らの援軍を受けて、野良田で浅井・六角が対戦しました。

織田信長と佐和山

永禄11年（1568）、織田信長が上洛をめざして近江にやってきました。この時信長は、妹お市の方の夫である浅井長政と佐和山城で初めて対面したと伝わっています。その後、元亀元年（1570）まで4年にわたって近江諸勢力と信長の間で戦いが繰り広げられましたが、そこでも佐和山城が戦いの舞台となっています。元亀元年6月、姉川の合戦で信長に敗れた浅井・朝倉軍は、浅井氏の居城小谷城と磯野員昌の守る佐和山城を拠点として、戦いを続けました。佐和山城では8ヶ月に及ぶ籠城の末、元亀2年2月に降伏し、佐和山城を信長に明け渡しました。新たな城主には、佐和山を攻略した信長方の部将丹羽長秀《にわながひで》が就きました。

　このように、佐和山城は戦略上の要所だったため、しばしば戦いの舞台となり、勝者方の有力者が城主となってこの地を治めてきたのでした。

歴代の佐和山城主

鎌倉時代初期頃	佐保時綱（佐々木定綱の６男）
室町時代後期 （1460年頃）	六角氏配下の小川左近太夫
永正年間 （1504～1520）	浅井氏家臣の磯野伊予守員吉
天文７年（1538）	六角定頼方の百々三河守
永禄４年（1561）	浅井長政家臣の磯野員昌
元亀２年（1571）	織田信長家臣の丹羽長秀
天正10年（1582）	豊臣秀吉配下の堀秀政
天正13年（1585）	豊臣秀吉配下の堀尾吉晴
天正19年（1591）	豊臣秀吉の直轄地を預かる代官として石田三成
文禄４年（1595）	石田三成、湖北４郡の領主
慶長５年（1600）	徳川家康家臣の井伊直政

彦根城側からの佐和山城跡

城下町こぼればなし

彦根城と博覧会

明治初年、地方で最初の博覧会が彦根城で開催

日本の近代化を進めた明治政府は、殖産興業政策の一環として、しばしば海外での万国博覧会に日本製品を出品しました。そして国内でも、大規模な内国勧業博覧会が開催されるようになり、明治10年（1877）に上野公園で開催された第一回内国勧業博覧会は、とくに大規模なもので多くの見学者を集めました。ところが、この博覧会に先立つ明治9年5月3日から30日間、地方都市では初めての博覧会が、彦根城天守を中心に城内で盛大に開催されました。

井伊家伝来の名器や宝物のほか、当時珍しかった胎児のアルコール漬けや人体模型・医療器械・西洋薬種や地元の工芸品などが出品され、彦根の産業振興に大きく寄与しました。

彦根観光博覧会

廃藩置県後、全国の多くの城郭が壊されたなか、幸いにもその勇姿が残った彦根城は、昭和19年（1944）井伊家から彦根城およびその一帯が彦根市に寄付され、戦後には彦根観光協会が設立。彦根城を核とした観光開発が始まります。

昭和24年（1949）4月には彦根城一帯を会場に彦根観光博覧会が彦根商工会議所の主催で開催されましたが、このときの市長小林郁は、「たとえ赤字となっても市費は一切出さない」と断言しました。公費支出がなくても近江同盟社の長坂寛二と商工会議所副会頭の宮本寿太郎が中心に活躍し、桜のシーズンでもあったことも幸いし、大成功を収めました。

石田三成と佐和山城

石田三成

石田三成は、坂田郡石田村（現在の長浜市石田町）出身で、長浜城主時代の豊臣秀吉に見いだされて家臣となり、その政権を支えた重臣です。特に、太閤《たいこう》検地《けんち》や刀狩令《かたながりれい》など、秀吉政権が取り組んだ重要政策を実質的に推進した中心的な一人でした。「五奉行」の一人で、秀吉没後も五大老・五奉行による合議で幼い豊臣秀頼を支えることとなりました。ただ、武断派諸将との対立から慶長4年（1599）に政権を離れて佐和山へ隠退して、翌年の挙兵、関ヶ原合戦へと至るのでした。

佐和山城主・石田三成

石田三成は、天正19年（1591）から、豊臣秀吉の直轄地であったこの周辺を管理する代官として佐和山城主という立場にありました。ただ、この時は三成自身の領地は美濃（岐阜県）にあり、周辺地域の領主となったのは、文禄4年（1595）のことでした。この年、八幡城主であった関白豊臣秀次が失脚してその所領が没収され、石田三成に犬上・坂田・浅井・伊香の湖北4郡・19万石余が与えられ、名実ともに佐和山城主となったのでした。

三成は、地域の領民を動員できるようになると、彼らを動員して佐和山城の整備をはじめました。この時、本丸を中心に二の丸・三の丸・太鼓丸・法華丸などをそのまわりに配置した城郭が整えられました。本丸には天守が築かれていたようです。

佐和山城は本来、街道が通る山の東裾を大手（正面）とする構造ではあるものの、山の西麓にも武家屋敷や米蔵があったといい、そのなかには「石田屋敷」と呼ばれる屋敷もあったようです。現在の清凉《せいりょう》寺《じ》の位置には、三成の重臣嶋左近《しまさこん》の屋敷があったと伝えられています。

石田三成の統治

当時、佐和山の西麓には松原内湖がひろがっていました。内湖には百間橋《ひゃっけんばし》が架かり、この橋で松原まで渡ることができました。この橋は、嶋左近によって架けられたと伝わっています。左近は、「三成に過ぎたるものが二つあり」とかぞえられたうちの一つが左近であるほど、三成の統治を支えた重臣でした。

三成は、地域支配をはじめるにあたり、年貢収納や政策方針などを示した13ヶ条の掟書を領内の村々に発しています。三成自身は秀吉政権の中枢にあって多忙を極める中、実際の領地支配は父の石田正継が担っていたことが、正継が地域の寺社に出した文書からわかります。

関ヶ原合戦と佐和山城

慶長5年（1600）、ふたたび佐和山城が戦場と化しました。9月15日の関ヶ原の合戦で西軍大将となった石田三成が敗北したため、9月17日、東軍の小早川秀秋や井伊直政らが三成の居城であった佐和山城を攻撃したからです。三成は15日の合戦で既に湖北に敗走してしまっており、留守を守る父正継や兄正澄らは自害して、天守に火をかけて落城したと伝えられています。

石田正継が高宮寺に出した禁制（高宮寺蔵）

石田三成像（龍潭寺蔵）

彦根城の築城計画

井伊直政の築城計画

彦根に築城する計画が立てられたのは、慶長5年（1600）天下分け目の関ヶ原合戦で、徳川家康が勝利したことに端を発します。家康は、西軍大将石田三成の佐和山城を落とすと、その後の城主として家臣の井伊直政を配しました。徳川最強ともいえる井伊家の軍勢を京都に程近いこの地に置くことは、京・大坂と決着をつける日に向けての重要な布石となると考えてのことでした。

井伊直政は、佐和山城に入るとまもなく新たな城の建設に乗り出しました。佐和山城は関ヶ原合戦で大きなダメージを受けていたのでそのまま住むにしても修築が必要でした。山と湖に囲まれて平地の少ない佐和山よりも、新たな時代にふさわしい城を新たな地に築こうとしたのです。直政は、湖岸の磯山《いそやま》に城を築く案を立てましたが、合戦から約1年半後の慶長7年（1602）に死去したため、磯山築城計画はそれ以後進展しませんでした。

城地の決定

直政の死後、井伊家の当主にはその嫡男の直継が就きましたが、直継は当時13歳のため、実質的には家老の手によって政務がとられました。築城計画も例外ではありませんでした。

慶長8年（1603）、家老の木俣守勝《きまたもりかつ》は徳川家康のもとに行き、新城の計画を相談しました。佐和山周辺の図面を見せて話し合った結果、信仰の山であった彦根山に新たな城をつくることを決定したのでした。

この時に、城の位置だけではなく、佐和山の麓を通る中山道から彦根へ脇街道を引き入れるといった周辺の交通網までもが計画されています。

彦根城の設計者

城地が決定すると、まず最初に、彦根山に立ち並んでいた寺院を移し、縄張《なわばり》すなわち城郭の設計をおこないます。鐘《かね》の丸《まる》の縄張は、井伊家家臣の早川弥惣左衛門がおこなったという伝承がありますが、城郭全体は井伊家家臣と徳川から派遣された奉行とで計画したようです。

天下普請

彦根築城は、幕府による天下普請と位置づけられます。関ヶ原合戦後、畿内周辺に徳川方の城が次々と建てられますが、築城にたずさわる幕府の役人・技術者集団が順々に築城工事をおこない、完成すると次の築城に向かいました。彦根城もそれに組み込まれており、実際の工事は慶長9年（１６０４）7月1日から開始されました。

工事の多くは、川の流路をつけかえ、山を削り、石垣を組むといった大規模な土木工事です。この作業を進めるために膨大な人数が集められました。周辺の若狭・越前・美濃・飛騨・尾張・伊賀・伊勢の計7ヶ国の大名・領主に対して、幕府は人夫を派遣するよう命令したのでした。実際の工事でも、出身の国ごとの集団で作業を進めており、天守台は尾張の人々が、天秤《てんびん》櫓《やぐら》付近の石垣は越前の人々が築いたという伝承が残っています。

土木工事がおおよそできあがったところから、建物を建てはじめました。まず、鐘の丸に仮の屋敷を築き、井伊家の人々は佐和山から工事の続く彦根城に移りました。慶長10年（１６０５）には、徳川家康や秀忠が相次いで工事のようすを視察に訪れており、作業が順調に進んでいたようすがうかがえます。慶長11年（１６０６）5月から6月頃には天守の建設がおこなわれている途中であることがわかっています。

幕府主導の工事は慶長12年（１６０７）の早い段階までには終了したようです。彦根山を城郭に改造して、戦争に備える施設をつくり、家臣や町人の住む町の基本的な構造をつくるところまででストップしました。

彦根城の構造

城郭の構造

彦根城は、天守のある本丸を中心に、三重の堀に囲まれ、石垣がめぐらされていました。さらにその上には土塀が築かれ、要所に櫓が建てられており、いくさに備えた構造となっています。

本丸の二重構造

内堀より内側の本丸は、当初の工事で彦根山を削ってつくりあげた部分です。

城山全体の構造は、山上と山裾の両方に平地をつくり、塀をめぐらして建物を建てています。本丸が上下二重の構造になっているわけです。このような形態は平山城《ひらやまじろ》と呼ばれます。また、いくさになっても容易に山上まで登れない工夫として、山下から山上に向けて傾斜に五本の登り石垣が築かれています。

リサイクルの城

彦根城は、政治的な緊張の中、幕府の力によってすばやく建てられた城であったため、材料を集める工夫がありました。当時、周囲には佐和山城をはじめ、長浜城・小谷城・安土城・大津城といった戦国時代に名をはせた名城がありましたが、いずれも廃城となり、それらの木材や石材を彦根城のために再利用したのです。つまり、機能の面だけでなく、素材の上でも周囲の城を集約したのが彦根城だったといえるでしょう。

石垣の工法

各曲輪《くるわ》や堀の周辺には石垣をめぐらせています。石材を積み重ねることにより、人工的に掘削・盛土をしたところが崩れにくくなり、堅固な城郭となるのです。

石積みは、坂本（大津市）に穴太《あのう》衆《しゅう》という専門の石組みの集団がおり、彦根城も彼らが積んだという言い伝えがあります。一方で、天守台は尾張の衆、廊下橋（天秤櫓）近所の石垣は越前衆が築いたという伝承もあります。これは、国ごとの集団で作業を分担していたことを意味しているでしょう。

鉢巻《はちまき》石垣と腰巻《こしまき》石垣

城郭の周りには石垣がめぐらされていますが、彦根城の石垣の特徴の一つに石垣と土塁《どるい》を併用した造りが見られます。水堀から立ち上がるところに築いて土留とした腰巻石垣と、土塁の上部に築いて土塀の基礎とした鉢巻石垣です。全てを石垣とするより資材・労力とも軽減しつつも、同様の防御効果を得られるこの工夫は、短期間に効率よく築城工事をした証しともいえるでしょう。

鉢巻・腰巻石垣

牛蒡積
ごぼうのように細長い石を積み重ねる方法。表面に見える面積は狭いが、奥まで食い込んでいて強固な造りです。

落とし積
石の角を下にして、斜めに積み上げる工法。江戸時代末期によく使われました。彦根城でも、江戸時代後期の修築はこの工法で行われています。

算木《さんぎ》積
石垣の隅に使われる積み方で、細長い直方体の石の長辺と短辺が互い違いになるように積みます。

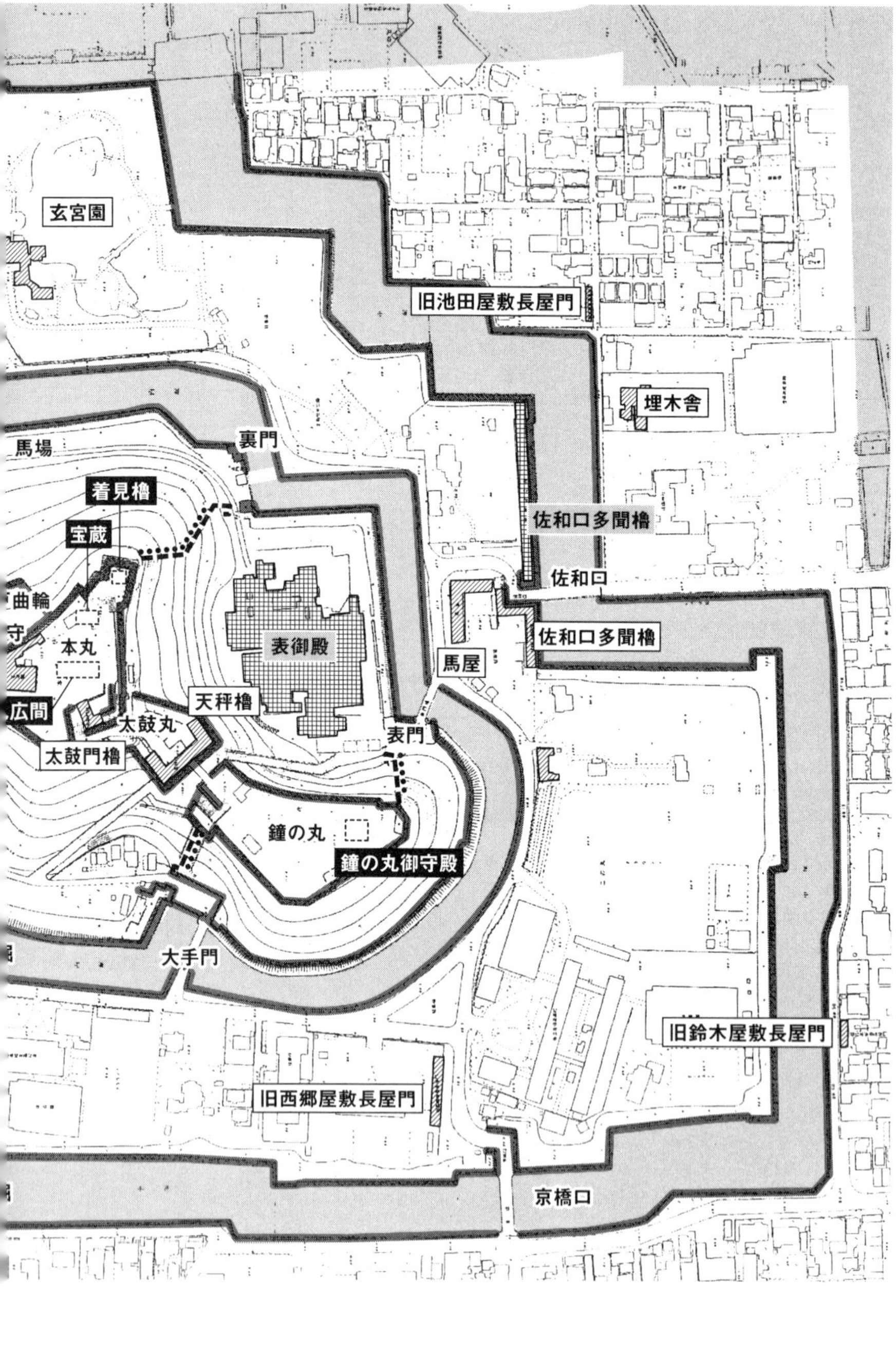
玄宮園
旧池田屋敷長屋門
埋木舎
馬場
裏門
着見櫓
宝蔵
佐和口多聞櫓
佐和口
曲輪
本丸
表御殿
佐和口多聞櫓
馬屋
広間
天秤櫓
太鼓丸
表門
太鼓門櫓
鐘の丸
鐘の丸御守殿
大手門
旧鈴木屋敷長屋門
旧西郷屋敷長屋門
京橋口

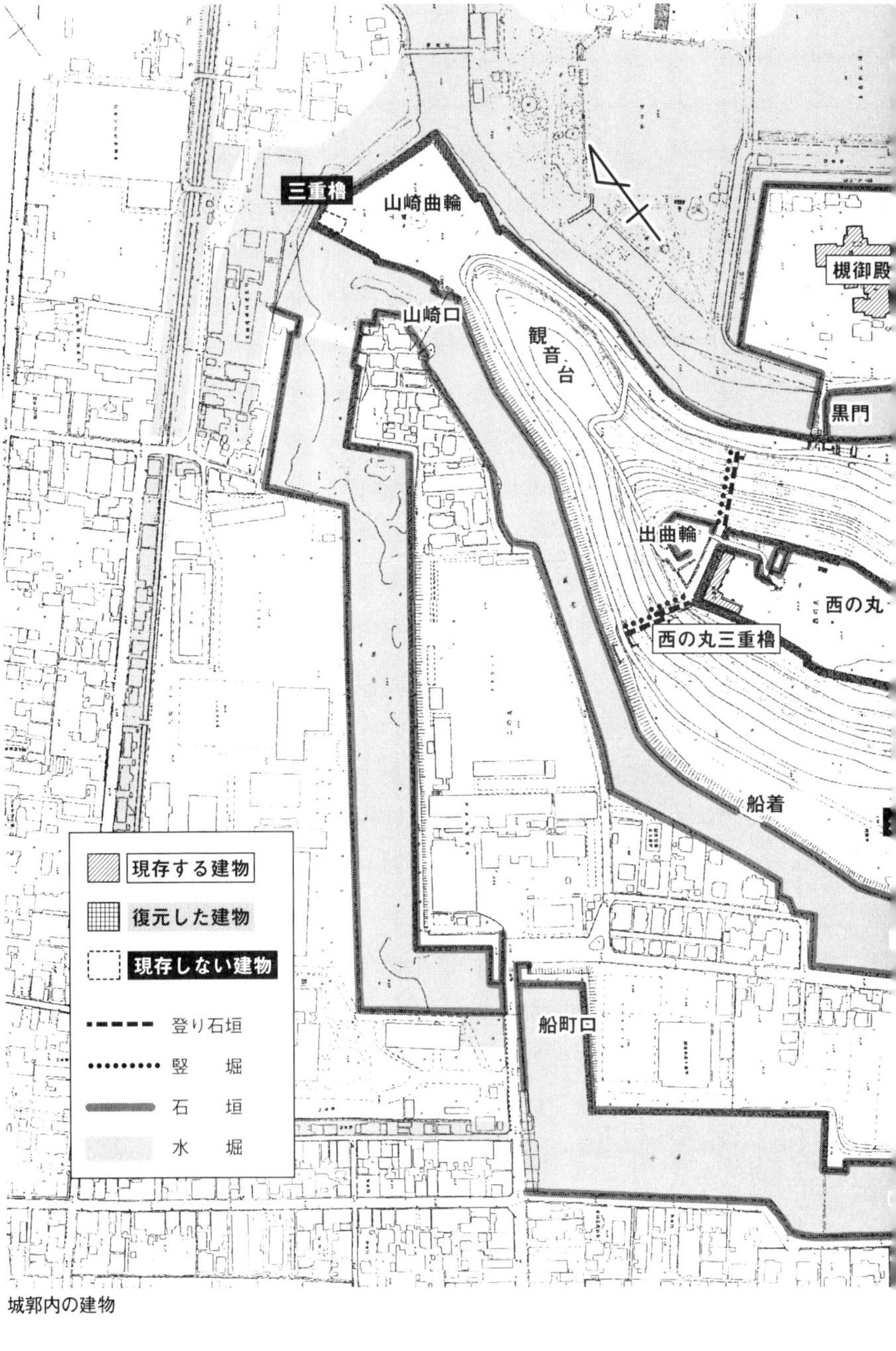
三重櫓
山崎曲輪
槻御殿
山崎口
観音台
黒門
出曲輪
西の丸
西の丸三重櫓
船着
船町口
現存する建物
復元した建物
現存しない建物
登り石垣
竪　堀
石　垣
水　堀

城郭内の建物

彦根城の暮らし

二期工事

当初の工事では、軍事拠点という視点から城郭が築かれていました。そのため、大坂城の豊臣秀頼が滅びて、大規模ないくさの心配がなくなると、暮らしやすい町をつくるための工事をはじめました。藩主井伊直孝《いいなおたか》みずから現場で指揮をとって、家臣や領民を動員しての工事でした。

当初の工事では内堀だけが築かれていましたが、二期工事によって三重の堀が完成し、城下町の町割が整備されました。中山道の宿場・鳥居本と高宮から彦根へ通じる道が整備されたのもこの頃です。

この工事は元和元年（1615）から同8年（1622）にかけておこなわれました。

藩の政庁・表御殿《おもてごでん》

二期工事でつくられた建物の一つに表御殿があります。藩主が日常生活を営み、政治の拠点とした御殿です。

藩主は、参勤交代のため原則として江戸と国元を1年ずつ往復することになっていました。そのため、5月頃帰ってきた藩主は翌年4月までの1年足らずを表御殿で暮らし、再び江戸へ旅立つというのが繰り返されました。

国入りした藩主は、船入から家臣たちの出迎えを受け、佐和口門をくぐり、まず筆頭家老木俣土佐の屋敷に入ります。これは、大坂の冬の陣から凱旋した井伊直孝が、藩主である兄直継の家族がいる御殿に入らず、木俣家の屋敷に入ったことを先例として、国元に戻るとまず木俣邸に入ってもてなしを受けるというのがならわしとなっていたからです。

藩主が表御殿にいる時は、毎月1日・8日・15日・21日や節句などの行事の日には、家臣は全員が登城して、身分に応じて書院や広間《ひろま》に並び、対面することになっていました。

天守のもつ意味

城の象徴である天守は、平和な時代には普段使う施設ではなくなりました。日常的には、武士のシンボルである甲冑《かっちゅう》を置いておき、藩主は帰国すると一度は天守に登って領地を見渡すのが恒例の行事となりました。

鐘の丸と天秤櫓を結ぶ橋と大堀切

佐和口多聞櫓

彦根城の修理

長い年月の間には、火災・地震や経年変化により、城郭の修理が必要になってきます。石垣を積み直したり、焼失後再建する場合には幕府への届け出が必要でした。修理する部分を書類と絵図で示して幕府に願い出たのは、記録で確認されるだけでも26回あります。

明和4年（1767）には、佐和口多聞櫓《たもんやぐら》内から出火し、櫓・馬屋や武器を焼失してしまいました。ちょうどこの時は山崎曲輪《やまざきぐるわ》の石垣を修理していた最中であり、藩の財政は苦しく、幕府から借金をして再建したのでした。

天秤櫓南側の石垣は、左半分（西側）が落とし積み、右半分が牛蒡《ごぼう》積みと、工法が異なっています。天秤櫓は嘉永7年（1854）に解体修理したことがわかっているので、落とし積みはその時に積み直したもののようです。

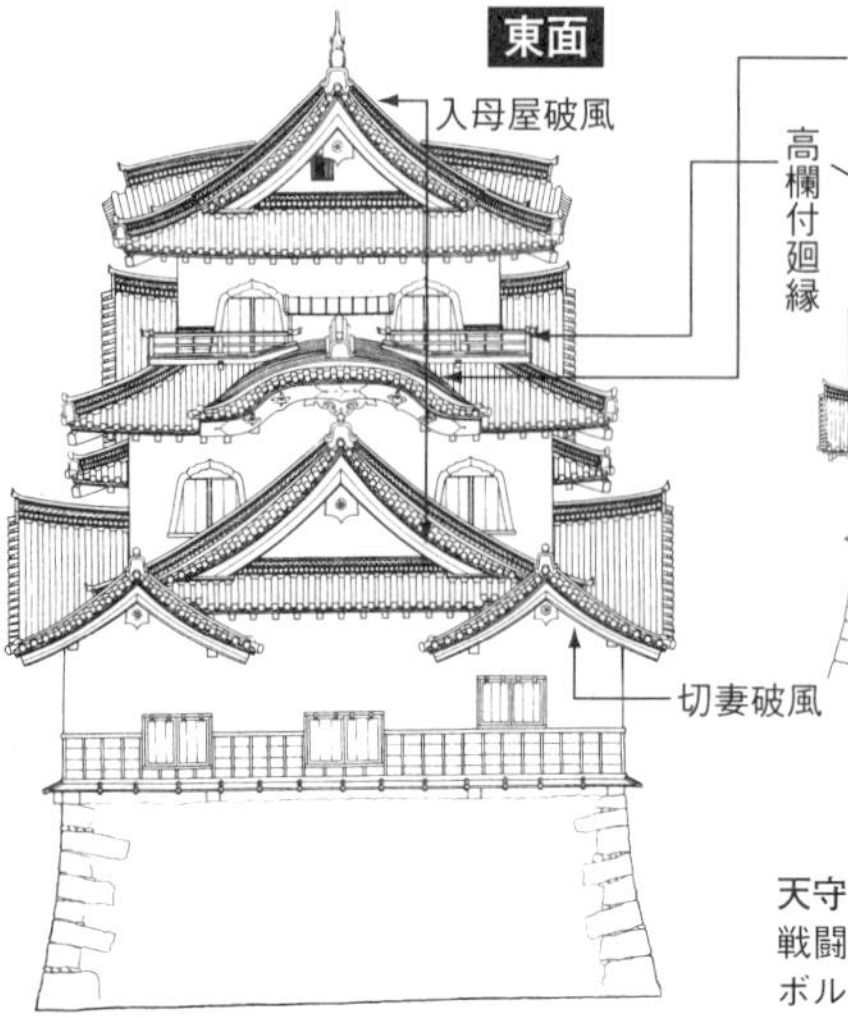

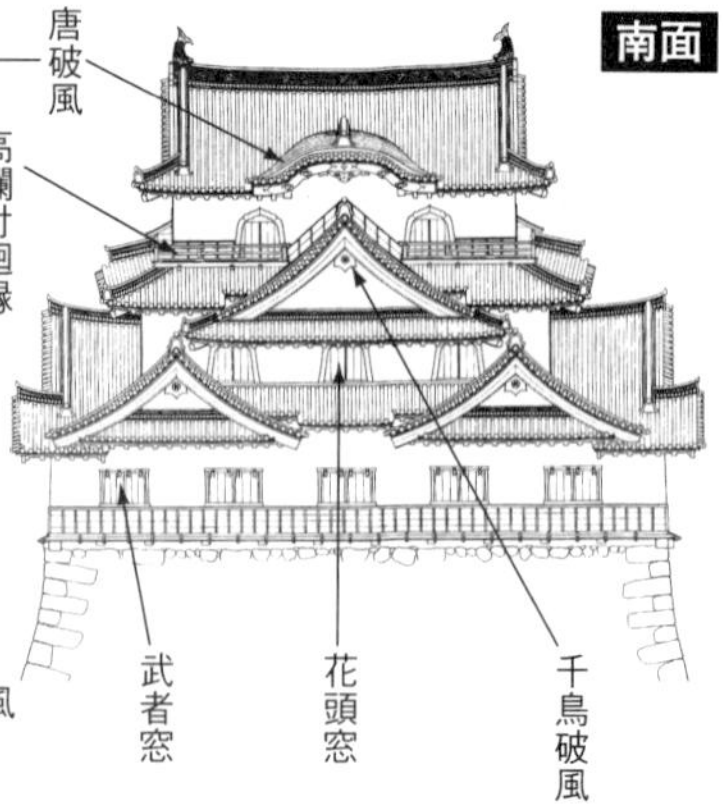

天守の優美な姿
戦闘に備えた実用的な城でしたが、地域のシンボルとして優美な姿を見せます。

太鼓門櫓および続櫓（重要文化財）

天秤櫓（重要文化財）

西の丸三重櫓と同続多聞櫓（重要文化財）

天守墨書銘（『国宝彦根城天守・附櫓及び多聞櫓修理工事報告書』より）

【読み】

右（二重東南隅木）

此角木仕候者大工弐（二）人ニて
此内壱（一）人ハ彦根御城下大工町ニて　喜市（花押）
壱人ハ関東さかミ北国をた（わら）あそん
横又甚三（花押）

中（二重東北隅木）

此すミ木仕候者江州犬上郡彦根御城下
於大工町ニ山本助六（花押）
慶長拾壱（十一）年午五月
横山惣七（花押）

左（三重東南隅木）

此角木仕候者
御与頭□川与衛門（花押）
慶長拾壱（十一）年六月二日
喜兵衛（花押）
江州犬上郡彦根御城下於大工町　惣次郎（花押）

天守と三つの櫓 ——現存する建物

天守（国宝）

三階三重の天守は、国宝に指定されており、姫路城・犬山城・松本城とともに、国宝四城にかぞえられます。小ぶりなものの、地域のシンボルとして白壁の優美な姿を見せています。慶長11年（１６０６）5月から6月頃に柱を組み上げ、その後壁を塗り、瓦を葺《ふ》くといった工程を経て、翌年の早い段階までに完成したと考えられます。

天守の仕掛け

天守には、戦に備えたさまざまな仕掛けが施されています。

外壁は約40㎝もの厚さがある土壁で、敵の銃弾を受けても貫かれないように、中央の約20㎝には小石を詰めてあります。狭間《さま》は、城内から外に向けて鉄砲や矢を放つために設けられた穴のことで、多くの城郭に見られます。彦根城の場合、狭間の外側は漆喰《しっくい》で塗り固められ、外部からは見えない造りになっています。鉄砲を撃つ鉄砲狭間、矢を射る矢狭間がありました。3階には隠し部屋も作られています。

天守移築の伝承

「京極高次の大津城天守を家康から拝領して移築し、棟梁《とうりょう》浜野喜兵衛が直して建てた」という伝承が残っています。

大津城は、天正13年（１５８５）、浅野長政によって築かれた城です。文禄4年（１５９５）からは京極高次が城主となっており、関ヶ原合戦で大坂方に攻められて落城しましたが、かろうじて天守は焼け残りました。落城しても残ったためでたい天守ということで家康から井伊家がもらい受けたと伝えられています。

昭和32年（１９５７）からおこなわれた解体修理で、この伝承を裏付ける発見がありました。木材に残された痕跡により、五階四重の天守を転用したことがわかりました。また、隅木《すみき》には、慶長11年５月・６月の日付とともに「大工町　喜兵衛」の名が記されていました。伝承にある棟梁・浜野喜兵衛のことでしょう（29頁参照）。

天秤櫓（重要文化財）

門を中央にしてほぼ左右対称に二重櫓がある形が天秤で荷物を担ぐ姿に似ていることから、天秤櫓と呼ばれています。昭和30年代の解体修理で移築された建物ということがわかりました。長浜城大手門を移築したという伝承がありますが、断定するまでには至っていません。

鐘の丸から天秤櫓に架かる廊下橋は、これを外すと天守に到達できない構造になっており、設計した早川弥惣左衛門が「天下無双《てんかむそう》の要害《ようがい》」と賞賛したと伝えられています。

太鼓門櫓（重要文化財）

本丸表口を固める櫓門です。上層の櫓に、太鼓があったことからその名がついたといわれています。築城前の彦根寺の楼門という伝承がありますが、昭和30年（１９５５）からおこなった解体修理の結果、別の城の門を移築したものであることがわかりました。どの城のものかは不明ですが、現状よりも大規模な門だったようです。

西の丸三重櫓（重要文化財）

西の丸の西北端に三重櫓が建っています。琵琶湖側からの敵に対する押さえとなっていました。

小谷城天守を移築したという伝承がありますが、織田信長の築いた安土城天主が最初の天主建築であり、それ以前の小谷城に天守は建っていなかったと考えられます。江戸時代末期の嘉永6年（１８５３）に大規模な修理を施しています。

天守を守るように建てられた三つの櫓は、いずれも天守とほぼ同時期の慶長12年（１６０７）頃までに建てられたと考えられます。

現存していない建物

本丸広間

築城当初は、天守の前に広間が築かれ、藩主らはここに居住していました。大坂の陣後、山のふもとに表御殿が築かれ、藩の中枢となる建物が整備されると、木材の倉庫などとして使われていました。

鐘《かね》の丸《まる》御守殿《ごしゅでん》

徳川秀忠の娘和子《かずこ》（東福門院）が元和6年（1620）、入内《じゅだい》のため江戸から京都へ向かう時に宿泊する施設として建てたものですが、和子は中山道《なかせんどう》を通らず、彦根城にも泊まらなかったので、結局使用されませんでした。

米蔵

築城当初、家老鈴《すず》木《き》主馬《しゅめ》の屋敷があったため、「主馬曲輪《しゅめぐるわ》」と呼ばれていましたが、大坂の陣後、ここに米蔵が17棟建てられました。幕府からの預かり米5万俵を保管するためのものです。その脇には、米を運び出すための船着場もあります。

現在、この場所は梅林となっています。

復元された表御殿

藩主が居住し、藩の政庁であったのが表御殿です。大坂の陣後の工事で建設されました。

政務・儀式の場である書院・広間、藩主の政務空間である表御座之間、藩主の私的な生活空間である奥向という構成であり、江戸城をはじめとして大名御殿の表向・中奥・奥向という構造に一致します。

建築当初は、中央に御守殿という建物がありました。これは上洛する将軍が彦根城に宿泊するための御殿で、江戸と京都を何度も往復した徳川秀忠・家

復元された表御殿（彦根城博物館）

光が宿泊したことでしょう。その後、将軍の上洛は途絶えたため、江戸時代中期には御守殿は取り壊され、藩主の生活する御座之御間《ござのおんま》が建てられました。

広間は、松の間とも呼ばれ、伏見城下にあった宇《う》喜多秀家《きたひでいえ》の屋敷を移築したという伝承があります。室内の障壁画《しょうへきが》は、桃山時代を代表する画家・長谷川等伯の描いた松の絵だったということです。

江戸時代後期、寛政12年（１８００）には御殿の中央に能舞台がつくられました。現在、表御殿の跡には彦根城博物館が建っており、表御殿の外観を復元したり一部の部屋を再現していますが、中央に位置する能舞台だけは、江戸時代の建物がそのまま使われています。明治時代になると表御殿は取り壊されましたが、能舞台は井伊神社境内に移築され、戦後、護国神社（沙々那美《さざなみ》神社）へと場所を移して残っていました。そこで、博物館建設にあたって、元の位置に戻したのです。

幕末の時点では、奥向に天光室《てんこうしつ》や間適軒《かんてきけん》といった茶室、２階建の数寄屋造りの「御亭《おちん》」といった部屋もありました。

建物の周囲には、藩主が武芸を鍛錬するための馬場、弓場もありました。

彦根にやってきた人々

上洛する将軍

彦根城は、江戸から京都へ向かう将軍の宿泊施設という役割も持っていました。そのため、表御殿が建設された当初、その一角には将軍宿泊専用の建物である「御守殿」が建っていました。御供の家臣は城下に分かれて宿泊しています。

彦根にやってきた将軍は、初代家康・2代秀忠・3代家光と、幕末の14代将軍家茂《いえもち》です。文久3年（1863）、攘夷《じょうい》問題に揺れる朝廷との関係を改善するために上洛することになった家茂は、先例どおり彦根城に宿泊しました。

朝鮮通信使

将軍を迎えなくなった後も、それに準じる大規模な一行が彦根城下に宿泊することが数十年に1度ありました。朝鮮国王から江戸の将軍につかわされた朝鮮通信使の一行です。

朝鮮人街道を通って彦根城下にやってきた一行は、正使・副使・判使の「三使」は宗安寺に宿泊し、そのほか400人近い一行は城下の寺院や町人宅に分かれて宿泊しました。大信寺や明性寺には中官や下官が、江国寺には長老が、願通寺や法蔵寺には通詞が宿泊し、蓮華寺は荷物を置くために使われたといいます。その他、随行した対馬藩主宗《そう》家は御馳走所へ、宗家の家老は伝馬町《てんまちょう》に宿泊しています。

伊能忠敬《いのうただたか》

幕府の役人が彦根にやってくることは頻繁にはありませんでしたが、幕府公用で派遣された場合、伝馬町で宿泊・輸送を取り仕切りました。

伊能忠敬もその一人です。忠敬は幕府から「御測量御用」という肩書をもらい、全国を測量していますが、彦根には文化2年（1805）と翌年の2度やってきています。1度目は、湖岸や荒神山《こうじんやま》で測量してから彦根に入り、彦根城下では蓮華寺の本堂前で測量しています。2度とも伝馬町内に宿泊し、測量道具など一行の荷物を運ぶための馬を伝馬町で用立てています。

彦根に流罪となった人々

彦根は、政治的な理由で流罪となった大名らが預けられる地でもありました。

大久保忠隣《おおくぼただちか》

徳川家康の側近で権力を持っていた大久保忠隣は、慶長19年（1614）、京都へキリシタン取り締まりに行ったところ、突然、謀反のとがめを受けて捕らえられ、彦根で幽閉の身となりました。龍潭寺《りょうたんじ》に「大久保忠隣幽居地」の石碑が建っています。忠隣は寛永5年に彦根で死去しています。

酒井忠能《さかいただよし》

4代将軍徳川家綱のもとで権勢を誇っていた酒井忠清が、5代将軍綱吉の代になり失脚すると、その弟で駿河田中藩主であった忠能も領地を没収され、天和元年（1681）、彦根藩にお預けとなりました。その後、元禄3年（1690）までの10年間、彦根城の山崎曲輪で過ごしました。

奥平源八ら（浄瑠璃坂《じょうるりざか》の仇討《あだう》ち事件）

江戸時代三大仇討ちの一つ、浄瑠璃坂の仇討ち事件の首謀者である奥平源八ら3名は、伊豆大島に流罪となった後、彦根にお預けとなり、のち彦根藩士に取り立てられています。

この事件は、寛文8年（1668）、宇都宮藩主奥平家の葬儀の場で、重臣の奥平内蔵允《くらのじょう》と奥平隼人《はやと》の間で口論となり、公衆の前で屈辱を受けた内蔵允が切腹、その後の藩の処分に不公平を感じた内蔵允の息子源八が江戸市ヶ谷の浄瑠璃坂で隼人を討って仇討ちを成功させたものです。事件後、幕府に出頭した源八の処遇に井伊直澄が関与したこともあり、彼らを彦根藩で受け入れました。

この事件は当時非常に有名で、30年後に起こった赤穂浪士の討ち入りでは浪士たちが参考にしたとされています。

明治以後の彦根城

残された天守

明治維新を迎えると、新政府は旧来の支配の象徴であり、軍事施設でもある城郭を壊すことを決定しました。彦根城も例外ではありません。

城郭は明治5年（1872）2月に政府・陸軍省の所管となります。すでに明治4年から門が撤去されて売り払われ、跡地が開墾されていましたが、明治11年に至り、建物の取り壊しが決定しました。表御殿などは壊され、天守も800円で売り払うことが決定して取り壊そうと足場を組んでいたちょうどその時、明治天皇が北陸巡幸を終えて中山道を通行し、同行していた参議大隈重信《おおくましげのぶ》が彦根を視察しました。解体寸前の城郭を目にした大隈はこれを惜しみ、天皇に奏上したため解体が中止されたといわれています。天皇が休息した長沢御坊福田寺《ふくでんじ》（米原市）で、その内室二条鋼子《かねこ》が天皇に彦根城保存を願ったという話もあります。いずれにせよ、地元からのさまざまな保存要望が実を結んだものでしょう。

彦根城の維持管理

保存の決定した彦根城は、誰が維持・修理してどのように活用するかが次の問題となりました。そこで、明治24年（1891）にいったん陸軍省から宮内省へ所轄替えした上で、井伊家が拝借、明治31年には下賜されることになりました。

城郭の維持をしながら活用する方法として、観光地とすることが考え出されました。日清戦争中の明治27年（1894）11月には、城内の櫓で日清戦争戦利品の展覧会が開催されています。その後も、井伊家・彦根藩士家に伝来する美術品や地元特産品の展覧会が開催されました。明治35年（1902）には、旧彦根藩士が中心となって城郭の活用を推進する団体「湖東保勝会」を設立しました。大正4年（1915）には、井伊家から彦根町へ城山の貸し渡しがあり、行政の手で観光地としての彦根城がはじまったのでした。その後、昭和19年（1944）には城郭の土地・建物が井伊家から彦根市へ無償で寄付されました。

天皇の彦根行幸

明治43年（1910）と同45年には皇太子（のちの大正天皇）の彦根行啓がありました。43年の行啓の準備として、井伊家では彦根城西の丸に休息用の御殿「迎春館《げいしゅんかん》」を建設しました。ここで昼食をとった皇太子は、城内や井伊家伝来の品々を見物した後、彦根中学校と彦根高等女学校を視察しました。明治45年には、陸軍参謀本部演習のため三重県と滋賀県を訪れた際、彦根にやって来て迎春館に7日間宿泊しています。

大正6年（1917）、県下一円でおこなわれた陸軍特別大演習では、大正天皇をはじめ、陸軍の四個師団、臨時編制の旅団、飛行隊など兵隊4万余人が彦根にやってきました。彦根中学校が大本営《だいほんえい》となり、天皇の御座所が新築されたほか、彦根公会堂には臨時彦根県庁が置かれました。

桜の名所・彦根城

現在、彦根城一帯は桜の名所として知られていますす。大正時代末には、桜の植樹が行われていたようで、昭和9年（1934）頃には市民の吉田繁治郎が彦根を桜の名所にしようと、私財をなげうって桜を植えています。その後、昭和13年（1938）には、「花の彦根」を目指して、彦根市によって桜2000本などが植樹されました。

城下町こぼればなし

世界古城博覧会で登場した「城丸くん」

「花の生涯」が大河ドラマに

彦根城の整備が進む中、昭和38年（１９６３）ＮＨＫ大河ドラマの第1作として井伊直弼の生涯を描いた舟橋聖一の『花の生涯』が放映されると、彦根城には大勢の観光客が押し寄せ、昭和39年度には１２０万人という空前の入山者を記録しました。この記録はいまだに破られず、その後、彦根城への入山者数は減少していきました。

世界古城博覧会

市制50周年を迎えた昭和62年（１９８７）、彦根城表御殿を復元した彦根城博物館が完成し、井伊家伝来の大名道具・古文書などが収蔵・公開されました。あわせて、「世界古城博覧会」が金亀公園一帯を会場に開催され、65日間の会期に84万人の入場者を記録しました。跡地は現在、金亀児童公園として市民に開放されています。

このとき誕生したキャラクターの「城丸くん」は現在も、彦根商店街連盟のＣＰカードに登場し活躍中です。ＣＰカードが登場したのは平成3年（１９９１）で、昭和39年（１９６４）彦根商業振興㈱によって発行された「お城のシール」にかわるものでした。キャッスル・ポイントから「ＣＰ」と呼びます。加盟店で簡単に発行でき、お買い物金額がポイントで加算され４００ポイントで満点になり５００円分の商品券として使用できるほか市内金融機関で普通預金５００円として入金されます。

彦根商店街連盟CPカード

第2章

彦根の政治

井伊家の出自

井伊谷《いいのや》領主・井伊家

井伊という名前は、先祖の出身地である「井伊谷」に由来します。井伊谷は遠江国《とおとうみのくに》（静岡県）の浜名湖の北に位置し、井伊氏はこの地域を治める武士の家柄でした。

井伊谷に伝わった系図では、平安時代中期頃の共《とも》保《やす》を井伊家の元祖とかぞえます。共保は、寛弘7年（1010）元旦、井伊谷の井伊神社に参詣した神主が御手洗の井戸の中に赤ん坊がいるのを発見し、家に連れて帰って育てた子どもで、のちに京都より遠江に来ていた国司《こくし》藤原共資《ふじわらのともすけ》がこのことを聞いて養子にし、成長後は武勇に優れ、この地を支配したということです。もちろんこれは、由緒正しい家柄を強調するための伝説にすぎませんが、平安時代後期ごろから力をつけてきた武士勢力の一族であることは確かなようです。

戦国時代の井伊家

戦国時代になると、西遠江には数系統の井伊一族が勢力を張っていました。その一人に井伊谷城主井伊直平《なおひら》がいました。直平は、守護大名今川家の配下にあり、古くからの名族であったため一目置かれる存在でした。今川義元《いまがわよしもと》が織田信長に攻撃されて死去した桶狭間《おけはざま》の戦いでは、当時の井伊家の当主・井伊直盛が今川隊の先鋒を務め、討死しています。

義元亡き後の今川家は急速に求心力を失い、三河の徳川家康が真っ先に今川から離れていました。それに続いて、井伊家が家康と結んで今川から離れようとしているという噂があり、当主の井伊直親《なおちか》が今川氏真《うじざね》のもとへ釈明に向かったところ、その途中の掛川《かけがわ》城下で城主朝比奈泰朝によって殺されてしまい

井伊家の橘紋

井桁紋の旗

ました。直親は、彦根藩初代藩主井伊直政の父にあたります。

井伊家の家紋

井伊家の家紋は「丸に橘《たちばな》」、旗印は「井桁《いげた》」です。橘は、井伊共保が出生した井戸のかたわらに橘の木が植えられていたことから、共保の印にしたのが最初と伝えられています。同じ橘紋でも細部が異なるものが多くあり、井伊家の橘紋は「彦根橘」と俗に呼ばれます。

井桁の旗印は、井伊家の「井」の字をデザイン化したものです。

これらの家紋は、公式行事で着用する装束や道具類に施されています。

藤原氏
┆
井伊共保《いいともやす》　平安時代、井戸の中より出生したという伝説上の人物。井伊家の先祖とかぞえる。
┆
直平《なおひら》　戦国時代、遠江国（静岡県）の井伊谷を治めた領主。駿河の今川氏の配下にあった。
├ 直宗《なおむね》 ― 直盛《なおもり》　桶狭間の戦いで今川義元の先鋒をつとめ戦死。
└ 直満《なおみつ》 ― 直親《なおちか》 ― 直政《なおまさ》

井伊家先祖の系図

井伊直政と「赤備え」軍団

井伊直政の生い立ち

井伊直政は、井伊家の行く先多難な時に生まれました。当時今川家との関係が悪化しており、父直親は、直政誕生の翌年に今川氏真により殺されています。そのため、井伊家再興の期待を担い、三河鳳来寺《ほうらいじ》など数ヶ所を転々として育ったのでした。15歳の時、遠江にも勢力を広げていた徳川家康の家臣となりました。

井伊直政画像（彦根城博物館蔵）

井伊の「赤備え《あかぞな》」

天正10年（1582）、武田家が滅びた後の甲斐・信濃を手に入れた徳川家康は、武田の家臣74名を直政の家臣とし、武田の軍法や武田家の勇将飯富虎昌《おぶとらまさ》隊の「赤備え」を継承するよう命じました。ほとんど家臣のいない直政へ、木俣守勝・西郷正友・椋原政直という3人の家老をはじめ、新たに徳川配下に入った武将たちを付け、家康の手で直政を隊長とする精鋭部隊が作り出されたのでした。

「井伊の赤備え」の戦歴

大将 井伊直政	天正12年（1584）	4月	長久手合戦 家康旗本隊の先鋒
		6月	尾張蟹江城攻め
	天正13年（1585）	8月	信州上田城真田氏攻め、家臣木俣清三郎・松下志摩らを派遣
	天正18年（1590）	2月	小田原の陣
	天正19年（1591）	7月	奥州九戸一揆を攻略
	慶長5年（1600）	8月	関ヶ原合戦の前哨戦、岐阜城攻め
		9月	関ヶ原合戦 佐和山城攻撃
大将 井伊直孝	慶長19年（1614）	12月	大坂冬の陣
	慶長20年（1615）	5月	大坂夏の陣
		5月6日	若江合戦
		5月7日	大坂城総攻撃
		5月8日	豊臣秀頼の籠もる櫓を攻撃

関ヶ原合戦図　井伊隊部分（彦根城博物館蔵）

家康の筆頭家老

直政は、先輩の酒井忠次・本多忠勝・榊原康政とともに、のちの世に「徳川四天王」と呼ばれます。彼ら徳川譜代の家臣とくらべると新参者でしたが、家康が豊臣秀吉の配下に入ると、直政は秀吉に重用されます。秀吉が後陽成天皇を聚楽第《じゅらくだい》に招いた「聚楽行幸」では、直政は有力大名並の「侍従《じじゅう》」を与えられ、同官職の諸大名とともに居並んで儀式に参加しています。このように優遇された立場にあったため、家康が関東を領すると直政は徳川家臣ではトップとなる12万石を上野国箕輪《こうずけのくにみのわ》（群馬県）に与えられました。

直政は豊臣配下の大名とも親交深く、諸大名との交渉役を担っています。関ヶ原合戦の際には豊臣系諸大名を率いて岐阜城攻撃などの前哨戦を戦い、合戦当日は徳川秀忠率いる徳川本隊が到着しない中、合戦の火ぶたを切って、徳川の主力部隊として戦っています。合戦後には、西軍方の有力部隊であった毛利輝元、薩摩の島津氏らとの講和交渉を任されています。直政は家康の軍事・交渉部門を支えた筆頭家老といえるでしょう。

関ヶ原合戦の恩賞として、敵の大将石田三成の佐和山城を賜り、それまでの上野国《こうずけのくに》と近江で合計18万石を領しますが、戦場から退去する島津義弘隊から受けた鉄砲傷が悪化し、戦いから1年半後の慶長7年（１６０２）2月1日、佐和山城で死去しました。42歳でした。芹川中洲で荼毘《だび》に付され、その地に長松院が建てられました。

井伊家の系図

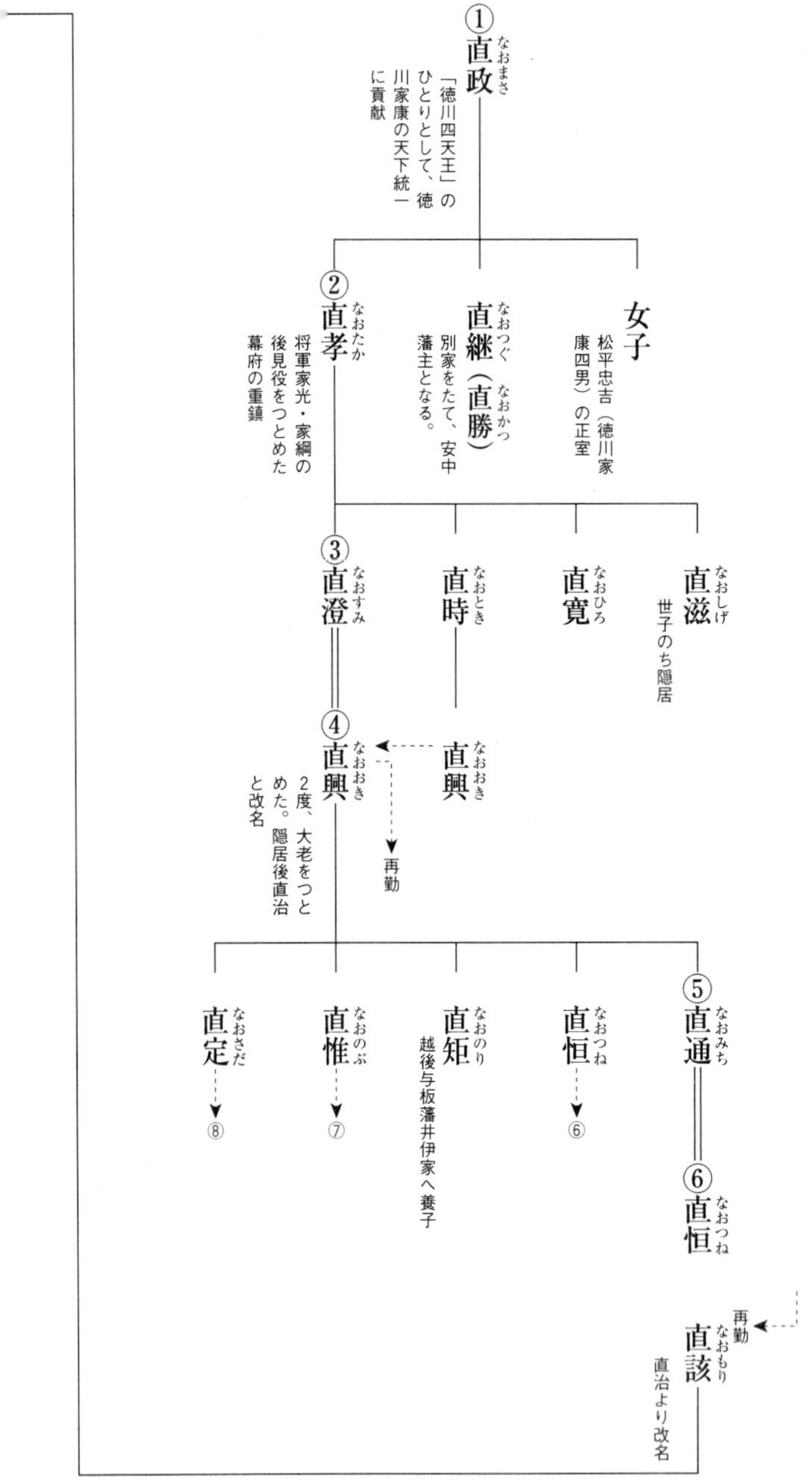

‖は、養子関係を示します。
○は、当主の代数を示します。
ここには重要な人物のみ掲げています。

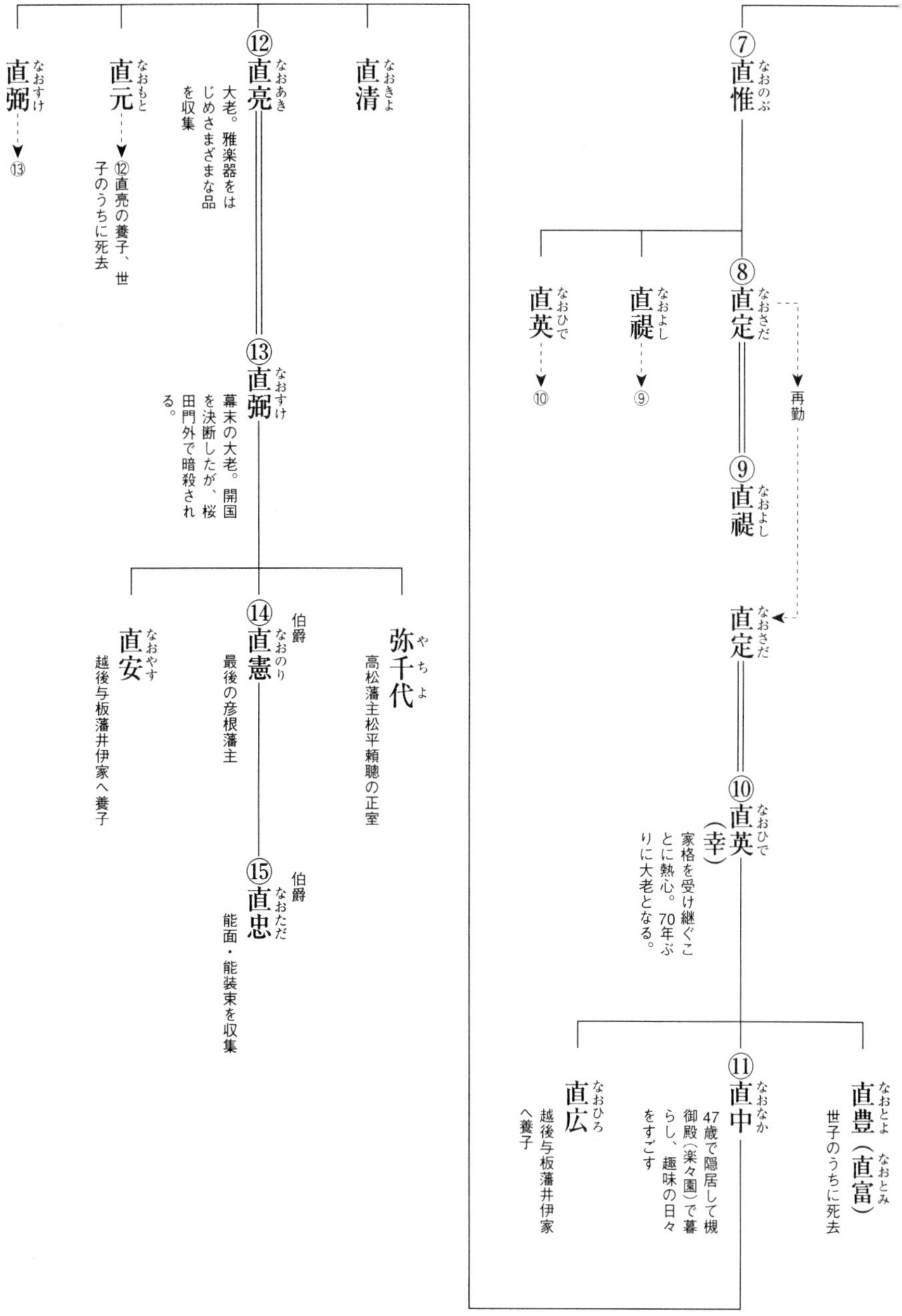
⑦直惟《なおのぶ》
⑧直定《なおさだ》
直禔《なおよし》→⑨
直英《なおひで》→⑩
再勤
⑨直禔《なおよし》
直定《なおさだ》
⑩直英《なおひで》（幸）
家格を受け継ぐことに熱心。70年ぶりに大老となる。
直豊《なおとよ》（直富《なおとみ》）
世子のうちに死去
⑪直中《なおなか》
47歳で隠居して槻御殿（楽々園）で暮らし、趣味の日々をすごす
直広《なおひろ》
越後与板藩井伊家へ養子
直清《なおきよ》
⑫直亮《なおあき》
大老。雅楽器をはじめさまざまな品を収集
直元《なおもと》→⑫直亮の養子、世子のうちに死去
直弼《なおすけ》→⑬
⑬直弼《なおすけ》
幕末の大老。開国を決断したが、桜田門外で暗殺される。
弥千代《やちよ》
高松藩主松平頼聰の正室
⑭直憲《なおのり》
伯爵
最後の彦根藩主
直安《なおやす》
越後与板藩井伊家へ養子
⑮直忠《なおただ》
伯爵
能面・能装束を収集

藩政を確立させた井伊直孝

2人の跡継ぎ―直継《なおつぐ》と直孝《なおたか》

井伊直孝画像（清涼寺蔵）

直政には2人の男子がいました。1人は正室の子・直継で、もう1人は側室の子の直孝です。直政が亡くなったとき、2人はともに13歳で、当時のならいにより直継が父の跡を継ぎました。しかし、若年の直継には井伊家を率いることはできず、家老たちが政務をとりました。慶長19年（1614）、ふたたび井伊家の「赤備え」軍団に出陣の命令が下されます。家康が大坂城の豊臣秀頼を攻めた大坂冬の陣です。この時直継は25歳になっていましたが、井伊軍の大将は直孝がつとめるようにと家康が命じました。直継は病弱だったという理由ですが、のちの直孝の活躍を見ると、井伊家を率いる人物として直孝の器量が評価されたのでしょう。

2代藩主・井伊直孝

大坂冬の陣では、直孝は父直政譲りの大胆な采配ぶりを見せて活躍します。それにより、家康は直孝に彦根の地と井伊の赤備え軍団を任せることにしました。この時、直孝は父直政の跡を継いで井伊家の当主となるよう家康に命じられたとして、彦根藩では直政の次の藩主は直孝であるとみなし、直孝を2代目とかぞえています。直継は、上野国安中《あんなか》藩の初代藩主となったため、別家の初代と見なしています。

大坂夏の陣でも、若江《わかえ》（大阪府八尾市）で豊臣方の木村重成《しげなり》隊と対戦して木村を討ち取り、戦いの最終局面では、国友村で作らせた大砲を撃ち入れて豊臣秀頼らを自害に追い込むといった活躍を見せます。

豊臣氏が滅び、戦争の心配が無くなると、直孝は築城工事を再開します。この時の工事では、戦争に備えた防御施設だけではなく、家臣や町人たちの暮らしを考え、地域の拠点となるまちづくりが進められたのでした。

その一方で、大坂の陣の後も、幕府と朝廷・諸大名の間で安定した関係を築くために、さまざまな交渉・かけひきがおこなわれました。彦根にいる直孝は京都にしばしば出向いて公家・寺社ら各勢力との交渉役をつとめています。

将軍の後見役

寛永9年（1632）、2代将軍秀忠《ひでただ》は亡くなる直前に直孝を枕元に呼び、若い将軍家光《いえみつ》の後見役を務めるよう命じました。この遺言により、将軍家光の側近くに仕えて、その政務を補佐することになりました。この役割が井伊家歴代に継承されて、のちの大老職となっています。家光からあつい信頼を得た直孝は、江戸を離れることはほとんどなく、江戸近くの世田谷《せたがや》に領地をもらい、しばしば休息に訪れています。

また、直孝は次期将軍となる家綱《いえつな》の成人を祝う元服式《げんぷくしき》で加冠役《かかんやく》をつとめています。この役は一般に烏帽子親《えぼしおや》とも言われて重臣がつとめるもので、その後も成長を見守り続けることになります。この役を命じたことからも家光の直孝への信頼がうかがえます。

将軍家光から家綱の治世は江戸時代の諸制度が確立した時期にあたり、その時期に直孝の果たした役割は大きいものがあります。中国・朝鮮との友好関係を築いたり、外様大名の処遇、浪人対策など、当時の政策の根幹に直孝の意見が大きく反映されています。

直孝は彦根に戻ることができないため、国元の政治はもっぱら書状にて家臣に命令を下していました。地域の統治や家臣の処遇など、詳細な指示を書き送っています。

前・中期の彦根藩政（3代直澄から9代直禔まで）

中継ぎの宿命を負った3代藩主直澄《なおすみ》

2代藩主直孝が死去した後、その跡を継いだのは直孝末子の直澄でした。長兄直滋は長年大名の跡継ぎの立場で幕府に仕えていましたが、直孝との葛藤により隠居し、他の兄も病弱あるいは死去していたため、末弟の直澄が跡を継がざるを得なかったのです。実は直澄は、直孝から中継ぎであることを言い渡されています。直孝から直澄に宛てた遺言の中で、直澄は正室をおかず、子どもを儲けたとしても跡継ぎにはせず、次期藩主には直澄の甥（兄直時の子）である直興を藩主とするように命じられているのです。直澄自身、自分の立場を承知しており、直孝の遺言に従っています。

井伊直興画像（清涼寺蔵）

寛文8年（1668）には、将軍家綱から、直孝が務めていた大老格の役割を務めるようにと命じられますが、中継ぎと自覚している直澄は、その力量にないと断ります。しかし、同様の役にあった保科《ほしな》正之《まさゆき》・榊原忠次《さかきばらただつぐ》に説得され、ようやく引き受けるのでした。

元禄の大老・4代藩主直興《なおおき》

祖父直孝の遺言により4代藩主になった直興は、下屋敷（別邸）である槻御殿《けやきごてん》（今の玄宮楽々園）を造営したほか、藩領内の巡見、藩に借財の返済を訴えた藩士76人を改易するなど、強い意志を持って藩政運営をしました。その治世は5代将軍綱吉の頃で、将軍就任の御礼に将軍の名代として朝廷へ派遣されたり、将軍から日光東照宮修築の責任者を命じられるといった、重要な役割を担っています。その後、元禄10年（1697）には大老に就任しています。

直興は、仏教を深く信仰しており、家臣や領民すべての約26万人から銭1文ずつの寄進を受け、佐和山の麓に大洞弁財天（長寿院）を建てました。また、永源寺の僧南嶺慧詢《けいこう》に深く帰依し、自らの墓を生前に永源寺に建立しました。そのため、その後の歴代藩主は、直興の墓参りをするため、夜中に彦根を出発して永源寺に向かうのでした。

直興の息子たち

直興には大勢子どもがいましたが、早世する者が多く、跡継ぎに悩まされました。5代藩主直通《なおみち》が22歳で死去してしまったので、その弟直恒《なおつね》が急遽《きょ》6代藩主となりますが、彼も2ヶ月足らずで死去してしまいます。次の弟直惟《なおのぶ》が成人するまでの間、直興が再び藩主となったのでした（2度目の大老就任後に直該《なおもり》と改名）。正徳4年（1714）直惟を7代藩主に就かせると、さらに支藩「彦根新田藩《しんでんはん》」を新設し、末子直定《なおさだ》をその藩主としました。直定は彦根新田藩1万石の大名として、井伊家の当主とは異なる立場で将軍に仕え、幕府の役職である奏者番《そうじゃばん》をつとめています。その後、享保19年（1734）に直定が直惟の跡継ぎとなると、直定を藩主とする彦根新田藩は役割を終えています。

直惟・直定の時代は、将軍吉宗の治世にあたり、幕府では「享保の改革」が行われましたが、彦根藩でも財政の窮乏は深刻でした。その対策として、藩士の収納する年貢米を藩に返納させたり、藩札を発行するといった施策をとっています。彦根藩の発行した藩札は、額面が米の単位である「米札《こめふだ》」でした。享保15年（1730）に最初の米札を発行した後、寛保2年（1742）には、流通を徹底させるために、幕府発行の金貨・銀貨・銭の通用を禁止して米札のみ使用するよう、藩領内に命じています。

直定は兄直惟の息子である直禔《なおよし》を跡継ぎとし、家督をゆずりました。しかし直禔も藩主就任2ヶ月で死去してしまいます。直定は父直興の晩年と同様、再び藩主となり、家督継承の難しさを味わうのでした。

個性的な歴代藩主――後期の彦根藩政

10代藩主直幸《なおひで》

9代藩主直禔《なおよし》が急死したあと、一旦、先代藩主直定が再度藩主の座に就き、直禔の弟である直幸が10代藩主となりました。直幸は、将来的に藩主になる立場で養育されたわけではなかったので、青年時代は彦根でのびのびと過ごしていました。

財政再建への取り組み

当時、藩財政は悪化していたため、直幸の新藩主就任を機に、前藩主直定や筆頭家老木俣守将が中心となって財政改革に取り組みました。藩士や領民へ倹約を申しつけ、藩領の村へは積銀《つみぎん》を課しました。積銀とは、備荒のため村々に銀銭を積み立てさせたものですが、これは藩の財政再建策の一環で、村へ負担を強いることになり、それに反対した藩領南部の農民が結集し、積銀頭取を命じられていた柳川村《やながわむら》の田付新助を襲撃しました。この柳川騒動は、彦根藩では数少ない大規模な打ちこわしで、最終的に集結した農民は3万人とも5万人ともいわれています。

70年ぶりの大老

この頃、江戸の大名社会では家格上昇の競争が激しく、田沼意次《おきつぐ》の政治に象徴されるように、金品の贈答が盛んな風潮にありました。直幸も家格上昇志向が強く、祖父直興がさまざまな御用を務めて、最終的に大老職にまで就いたことを意識していました。直幸は、それまでの歴代が務めてきた、朝廷への使者や日光への代参、将軍家若君元服式の加冠役といった御用を務めて、ついに天明4年（1784）、直興以来70年ぶりに大老職を務めることになりました。

11代藩主直中《なおなか》

直幸には将来を嘱望された嫡男直富《なおとみ》がいましたが、直幸に先立って死去し、２男の直中が次の藩主となりました。直中も、父直幸と同様、若い頃は藩主となる立場にはなく、彦根でのびやかに成長しましたが、その後の志向は父とは逆だったようです。直幸は江戸城における政治の世界に身を置き、権力志向の強い人物でしたが、直中は政治よりも文化芸術を愛する性質だったようです。息子が成人すると47歳で隠居し、槻御殿の屋敷（今の楽々園）を改修して、余生を楽しんで暮らしました。能・茶道のほか、蹴鞠《けまり》や香道といった公家の文化も嗜《たしな》んだり、還暦祝いに長浜の曳山歌舞伎を呼び寄せるなど、充実した余生だったようです。直弼《なおすけ》が誕生したのも直中の隠居時代でした。

12代藩主直亮《なおあき》

直中と正室との間に生まれた直亮は、直中の隠居にともなって12代藩主となりました。祖父直幸についで、天保６年（１８３５）から12年（１８４１）まで大老をつとめています。

この頃、外国からの船が頻繁に江戸湾周辺にやってくるようになると、幕府は諸大名に警備を命じました。初代直政・２代直孝の時代から徳川の軍事を担う家とされてきた井伊家にもその命令は下り、弘化４年（１８４７）相模国（神奈川県）三浦半島に派兵して陣屋《じんや》や砲台といった軍事施設を築くのでした。そのため、嘉永６年（１８５３）、ペリー率いる黒船が浦賀《うらが》沖にやって来たときも、彦根藩兵はいち早く駆けつけ、警備をしています。

直亮もまた、文化人としての顔を持っていました。彼の場合、珍しい品の収集に力を注いでいます。古くからの由緒を持つ雅楽器を寺社や公家から譲ってもらったり、西洋の技術を記した書籍を入手しています。これら直亮の収集品は、今も彦根城博物館に伝わっています。

幕末の政局と井伊直弼

13代藩主直弼《なおすけ》

直弼は、父直中が隠居してから生まれたため、既に兄直亮が藩主になっており、家を継ぐ立場にはありませんでした。17歳からは「埋木舎《うもれぎのや》」と名付けた屋敷で弟直恭《なおやす》とともに暮らしはじめましたが、まもなく直恭は日向延岡藩内藤家の養子となり、井伊家を去っていきました。残された直弼は、文武の修養に生涯をかけようと、禅・茶の湯・国学などに没頭します。そのような直弼に転機がやって来たのが32歳の時のこと。直亮の養子となっていた兄直元が死去し、直弼がその代わりに藩主の跡継ぎとなったのです。約4年間、彦根藩主の跡継ぎとして江戸で大名見習いの生活をした後、嘉永3年（１８５０）、直亮の死去をうけて13代藩主となりました。

ペリー来航の余波

嘉永6年（１８５３）、ペリーが来航して和親条約を結ぶと、次にアメリカは開国すなわち通商条約の締結を求めます。幕府は挙国一致してこの状況を乗り切ろうと考えますが、かえって、それまで幕政に関わってこなかった徳川一門や外様大名、さらに朝廷が政治に参入する機会を与えることになりました。水戸藩主徳川斉昭《なりあき》たち（一橋《ひとつばし》派）は、斉昭の男子である一橋慶喜《よしのぶ》を次期将軍にしようと画策したり、老中堀田正睦《まさよし》が通商条約の許可を天皇に求めるため上京したのに対して、親しい公家を通じて条約を許可しないよう工作するのでした。

そのような中、将軍家定や幕閣たちは従来の政治路線を継承することを望み、安政5年（１８５８）4月、譜代筆頭の家柄である井伊直弼が大老に就任して、難局に対処しようとしました。

直弼の大老政治

直弼が大老に就任すると、将軍跡継ぎは紀伊徳川家の慶福に内定し、条約調印については諸大名の意見をまとめていました。ところが、6月18日、英仏軍が清に勝利した（アロー号事件）という情報を入手した米国総領事ハリスは、軍艦で神奈川沖までやってきて、英仏軍がまもなく日本へ押し寄せると勧告し、即時の条約締結を迫ったのでした。6月19日に江戸城内で幕閣の評議が行われました。そこでの結論は、すぐに諸大名の意見をまとめてハリスに返答するので、それまで調印を延期するようにというものでしたが、ハリスに応対する外交官の岩瀬忠震《いわせただなり》・井上清直が万一の際は調印してもよいかとたずね、直弼が致し方ないと回答すると、両名はすぐに調印してしまいました。

戊午《ぼご》の密勅《みっちょく》

幕府が条約調印をおこなうと、直弼政権に反対する水戸斉昭ら一橋派が、開国を快く思わない天皇と手を結んで行動に出ます。8月8日、孝明天皇の勅命で、幕府運営を批判する文書が出されました。さらに水戸藩に対して、これを諸藩に伝えるよう勅命を下したのでした（戊午の密勅）。天皇が一大名に命令をするのは、江戸時代の幕府と朝廷の関係ではありえないことであり、幕府はこれに関わった水戸藩の家臣や反幕府の政治活動をする者を捕らえ、厳しく処罰しました（安政の大獄）。

直弼は、老中間部詮勝《まなべあきかつ》を上京させて、孝明天皇に幕府の意図を説明します。間部は、条約調印を拒否すると戦争となりかねず、その場合勝算はないので、まず軍備をととのえて、その後に再び鎖国に戻すと説明しました。安政の大獄による弾圧もあり、12月には幕府の条約調印を了解したという天皇の沙汰書が下されています。そこには「心中氷解《ひょうかい》」（心の中の氷のようなわだかまりが解けた）と記されています。

桜田門外の変

次に直弼は、水戸藩に渡った戊午の密勅を返納させようと働きかけました。しかし、水戸藩の過激派

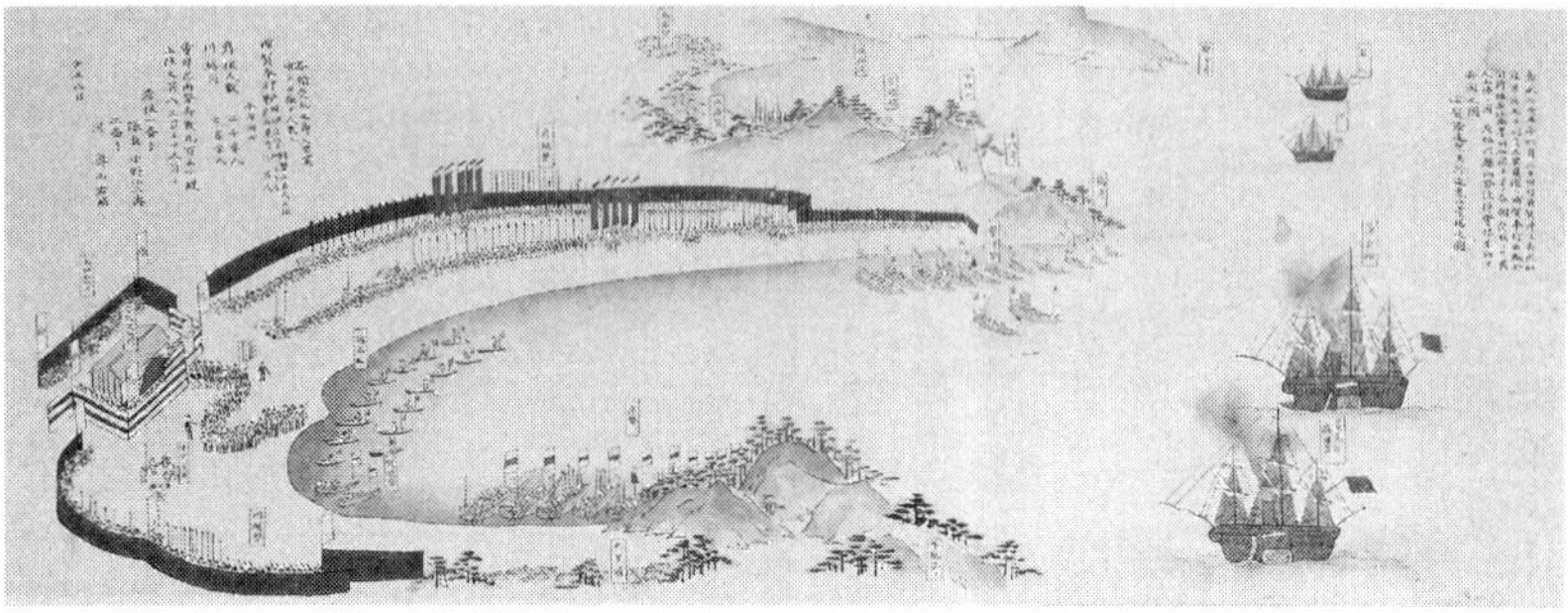

ペリー浦賀来航図（彦根城博物館蔵）

は、水戸城内に移された密勅を断固死守しようと長岡宿に集結し、ついにその中心人物が江戸に潜んで、直弼の暗殺をはかったのです。

安政7年（1860）3月3日、この日は江戸城で上巳の節句の儀礼があるため、諸大名は登城します。直弼は襲撃の情報を得ていたともいわれますが、大老が登城しないわけにはいかず、予定通り登城の途につき、水戸脱藩17名と薩摩脱藩1名に襲撃されたのでした。

文化人・井伊直弼

直弼は、教養人の父直中のそばで成長したためか、さまざまな芸道に熟達した文化人でもありました。幼い頃より井伊家の菩提寺である清凉寺で禅の修養を積み、31歳で仙英禅師より悟りを開いたことを認める印可（証明）を授かっています。また、「埋木舎」と名付けた屋敷で国学や和歌、茶の湯、居合などを追究しましたが、これは命名の精神（世の中の出世・競争とは離れて、この屋敷に埋もれて学問・文武の道に励もう）を体現したものでしょう。

その中でも、茶の湯では古典を追究して石州流《せきしゅうりゅう》の一派を創設しています。直弼の茶の湯を象徴する言葉が「一期一会《いちごいちえ》」です。一度の茶会での出会いは一生に1度だけのものだから、心を尽くして、出会いの時を大切にしようという意味です。

茶の湯では「宗観」という号を用いていた他、風になびいても折れない強さを持つ柳を好んで「柳王舎」という別号、和歌集「柳廼四附」など、随所に使っています。

井伊直弼の生涯

年代（西暦）	年齢	事　　項
文化12年（1815）	1	彦根城の下屋敷・槻御殿で生まれる。幼名鉄三郎。父は前藩主井伊直中、母は側室お富の方
文政２年（1819）	5	母お富の方が死去
天保２年（1831）	17	父直中が死去 弟とともに埋木舎に移り住む
天保５年（1834）	20	養子候補のため江戸に行くが、弟が内藤家の養子に決定
天保13年（1842）	28	長野義言に会い、国学・和歌の弟子となる
弘化２年（1845）	31	茶の湯の一派をたてることを決める
弘化３年（1846）	32	兄直元が死去、彦根藩の世継ぎ（次期藩主）となる
嘉永３年（1850）	36	兄直亮が死去、彦根藩主となる
嘉永６年（1853）	39	ペリーが浦賀に来航する
安政４年（1857）	43	「茶湯一会集」を完成させる
安政５年（1858）	44	４月　江戸幕府の大老となる ６月　日米修好通商条約を結ぶ ９月～　安政の大獄 12月　孝明天皇より条約調印の了解を得る
安政７年（1860）	46	３月３日　桜田門外で殺される

井伊直弼画像（清凉寺蔵）
御用絵師の狩野永岳に描かせ、亡くなる年の正月に清凉寺に納めた画像。賛には「あふみの海磯うつ浪のいく度か御世に心をくだきぬるかな」（近江の海〈琵琶湖〉で磯に何度も打ちつける波のように、私も世の中のために心を尽くしてきたなあ）と自詠の和歌がしたためられています。

明治維新と井伊直憲

14代藩主直憲《なおのり》

最後の彦根藩主となったのが、直弼の嫡男である直憲です。落命した直弼が表向きは「けが」として幕府に届けられる中、13歳の直憲を彦根藩の世継ぎとする願いを幕府に提出し、無嗣断絶（跡継ぎを決めておかなかったために御家取りつぶしとなること）をようやく免れたのでした。

文久2年（1862）には、直弼政権の「公武合体《こうぶがったい》」策によっておこなわれた、将軍家茂《いえもち》と和宮《かずのみや》の婚姻がつつがなく済んだことを祝うため、朝廷への使者をつとめています。朝廷への使者は、井伊家歴代が何度もつとめた御用であり、これをつとめることにより従来の井伊家の立場を踏襲することができたと、直憲はじめ家臣一同は喜んだことでしょう。

文久の政変

しかしこの後まもなく、幕府で大きな政変が起こりました。文久2年、薩摩藩主の父島津久光が兵を率いて上京し、天皇の勅命をもって幕政のトップを交替させるよう、要求したのです。これにより徳川慶喜を将軍後見職、松平慶永を政事総裁職とする人事改革がなされました。これは、直弼の政治路線を継承してきた老中らを政権の座からおろし、直弼の政敵であった人々を政権の中枢に据えるものでした。その結果、新政権は直弼政権のおこなった条約調印と安政の大獄を批判し、その罪を直弼と彦根藩に負わせたのでした。

まず、それまで彦根藩に命じていた京都守護の役割を解任して、あらたに井伊家と同格の家柄であった会津藩主松平容保《まつだいらかたもり》に京都守護職を任じました。

また、10万石もの領地が召し上げられます。彦根藩でも新政権の動きを察知し、直弼の側近であった長《なが》野義言《のよしとき》と宇津木景福《うつぎかげよし》をみずからの手で処罰しましたが、彦根藩に対する叱責の声がゆるめられることはありませんでした。

彦根藩の課題

当時、若い藩主を補佐して藩政を主導したのは、家老岡本半介（黄石《こうせき》）を中核に、下級藩士・足軽層からなる「至誠組《しせいぐみ》」という有志者集団でした。町医者である渋谷騮《りゅう》太郎（のちの谷鉄臣）や、外村省吾・河上吉太郎らがいました。

彼らは、召し上げられた10万石の回復と直弼に浴びせられた「違勅《いちょく》の臣《しん》」の汚名をそそぐことを最大の課題とし、彦根藩の行く末を模索するのでした。そのため、幕府の言われるままに、大坂湾の警備、大和の天誅組鎮圧、禁門《きんもん》の変、長州戦争など次々と出兵して、幕府のために戦っています。

しかし、慶応3年（1867）、将軍徳川慶喜が大政奉還した後、王政復古の大号令を発した新政府は、慶喜を排除することを宣言し、朝幕合体的な新政権をめざす慶喜と武力衝突しました（戊辰戦争《ぼしんせんそう》）。京都にいた井伊直憲は彦根藩がどちらに味方するかの決断を迫られます。家臣の意見は2つに分かれましたが、結局、ここ数年の幕府の仕打ちを考え、直弼の汚名をそそぐことができるのは「勤王」であると判断し、新政府に味方することを決断したのでした。

戊辰戦争で朝廷軍につく

新政府側についた彦根藩の兵士は、戊辰戦争で活躍を見せます。鳥羽伏見の戦いでは大津を警備し、次に桑名城（三重県）に向かい開城させ、東山道軍の先鋒として江戸に向かいました。この間は大きな戦闘はありませんでしたが、江戸に到着すると、周辺には旧幕兵が集結しており、ここから東北にかけて戦闘が繰り返されました。彦根藩兵は新撰組組長の近藤勇を流山（千葉県）で捕らえるなどの活躍をみせますが、小山《おやま》（栃木県）では旧幕臣の大鳥圭介隊との戦闘で、敵兵に囲まれた一小隊が脱出不可能となり死力を尽くして戦ったすえ青木貞兵衛以下9名が玉砕の道を選んだという激戦もあったのでした。

明治新政府と直憲

直憲自身は東進軍には加わらず彦根に留まり、8月の天皇即位式にあたって京都に入り、その後は京都の警備などをおこなっていました。この間、21歳の直憲に縁談の話がもちあがりました。相手は有栖川宮熾仁《ありすがわのみやたるひと》親王の妹宜子《よしこ》。新政府の総裁職としてトップに位置する親王の妹との縁組は、井伊家への恩賞という意味と、より強固に新政府方へ結びつけておこうという思惑があったのでしょう。

青年時代の井伊直憲（彦根城博物館蔵）

明治2年（１８６９）2月、彦根で宜子との婚儀がおこなわれました。江戸時代は藩主の正室は江戸に住んでいたので、彦根で藩主の婚礼がおこなわれるのは初めてのことでした。

直憲は、婚儀を済ますとすぐに彦根を離れなくてはなりませんでした。天皇が京都から伊勢神宮参拝をへて東京に向かう御供を命じられたからです。その後、版籍奉還により彦根藩知事となった直憲は彦根に住まいますが、明治4年（１８７１）の廃藩置県によって彦根藩が廃されると、華族《かぞく》は東京居住を命じられていることから、直憲も東京に居を移さざるを得ませんでした。東京では麹町《こうじまち》区一番町（今の東京都千代田区三番町）の屋敷に居住しました。江戸時代は上桜田に屋敷がありましたがここは明治政府に接収されたため、あらたに建てた屋敷でした。直憲はここでの暮らしも落ち着かないまま、翌明治5年には西洋遊学に出かけます。弟で越後国（新潟県）与板藩主であった井伊直安や側近の西村捨三・橋本正人らとともに約1年をかけてアメリカ・イギリス・フランスを廻って西洋文明を吸収し、その後の彦根の発展に大きな影響を与えたのでした。

城下町こぼればなし

彦根七夕まつりの由来

　夏の商店街を彩る七夕まつりの起源は、昭和30年（1955）に彦根市本町商店会「本栄会」が中心になって、かつての「慶山夏まつり」を復活させ、七夕の頃なので笹飾りも併せておこなったことに由来します。このとき、伝統的で風情ある高張提灯を各家にかけたと伝わります。

　全市内でも例年七夕まつりは開催されていましたが、昭和32年（1957）に彦根商店街連盟の行事として「七夕装飾コンクール」がはじまり、それぞれの商店がつくりものを競いあうようになり、やがて本町慶山の夏祭りはこの七夕装飾コンクールと合流しました。今では、びわ湖まつり協賛として、1日の花火大会、6日からの七夕装飾コンクール、そして彦根ばやし総踊りと一連の夏祭りが続きます。

　ところで、本町の慶山は、慶長16年（1611）に元川町に順慶が一庵を建てたのが始まりとされます。この順慶の子が慶山で、現在の本町に庵を建てました。現在は無住ですが、江戸時代より親しまれた智福院というお寺があり、周辺の人びとの信仰を集めていました。

　なお、「彦根ばやし」は、昭和35年に「大江戸花吹雪」と同時に製作されたものですが、当時ビクターレコードと特別の関係があった川嶋真二郎が、市費の拠出なしで振り付けまでを完成させました。この年、彦根城天守の解体修理が完成し、大老開国百年祭が行われています。

彦根七夕まつり（平成18年）

彦根藩の行政

彦根藩の領地

彦根藩が将軍から与えられた領地は、全部で30万石にのぼりました。これは30万石分の米が収穫できると算出された土地のことです。この石高は譜代大名の中では筆頭です。30万石のうち、近江に28万石、武蔵国世田谷（東京都世田谷区）と下野国《しもつけのくに》佐野（栃木県佐野市）にあわせて2万石がありました。近江の領地は、彦根を中心に、北は福井県との県境、南は日野町域にまで及んでいます。藩領の北部や南部では、同じ村で他の大名や旗本の領地と混在しているところもあります。

世田谷と佐野に領地があったのは、寛永10年（1633）、2代藩主直孝が将軍家光の後見役をつとめるため彦根に帰らずずっと江戸で暮らしていたので、江戸での暮らしをまかなうためにいただいたからです。佐野や世田谷の領民は、江戸屋敷での暮らしに必要な物を供給したり、掃除・雑用をするなど、江戸の暮らしを支えていました。

また、世田谷は彦根に帰れない直孝がしばしの休息をとる所でもありました。江戸を離れて鷹狩りなどをしています。井伊家の江戸における菩提寺・豪徳寺《ごうとくじ》が世田谷にあるのはこのようなつながりがあるためです。

江戸には、いくつも屋敷がありました。本拠地である上屋敷は外桜田（現在の憲政記念館の地）に、中屋敷は赤坂（現在のホテルニューオータニの地）、下屋敷は千駄ヶ谷《せんだがや》（現在の明治神宮）と早稲田にあり、蔵屋敷が八丁堀にありました。その他、大津・京都と、江戸時代後期には大坂にも屋敷を持っていました。

30万石か35万石か

彦根藩が35万石といわれることがありますが、これは30万石の領地に幕府から預かった蔵米5万俵分を加えた数字です。5万俵の年貢米を収納できる土地は5万石に相当するため、5万石の領地をもらったのと同じという発想から30万石に5万石を加えたのでした。ただ、5万俵は、万一戦争になった場合の兵糧米であり、1度受け取った米を入れ替えながら維持していたもので、毎年5万俵の収入があった訳ではありません。

彦根藩士

藩士は本来、大名のもとに組織された武士であり、主人との関係の結び方や戦闘方法（騎兵か歩兵か）によって身分的な格差がありました。

彦根藩士の身分は4つに大別できます。

①知行取藩士《ちぎょうとりはんし》

藩主から領地を与えられた騎兵。藩士の中心で約550人おり、日常の藩政の運営の役職に就きました。知行高を基準に3つの格式に分かれます。1000石以上の上級藩士は笹之間詰《ささのまづめ》、300から1000石の中堅藩士は武役席《ぶやくせき》、50から300石までが平士《ひらし》とされました。

②小姓《こしょう》・中小姓《ちゅうこしょう》と騎馬徒《きばかち》

いずれも騎兵身分で、藩の蔵米を受け取ります。藩主の側近くに仕える小姓のほか、知行取藩士の子息で家督相続以前の者は親の格式に応じて中小姓か騎馬徒に区分されます。騎馬徒は歩兵ですが、騎馬の武士の格として扱われた者です。

③歩行《かち》

歩兵で藩の蔵米を受け取る身分で、歩行（彦根歩行・江戸歩行）、七十人歩行、伊賀歩行があります。仕事は、藩主の道中の供のほか、藩の実務役人としても働きました。城下の御歩行町《おかちまち》、七十人町、伊賀町に集住していました。

④足軽《あしがる》

鉄砲・弓を用いて戦う歩兵で、数十人の組に編成されています。文化・文政期の彦根藩の足軽の総人数は1120人、鉄砲隊31組と弓隊6組の合計37組がありました。知行取藩士が物頭《ものがしら》（足軽大将）として統率し、城下外縁部に置かれた足軽町に組単位で集住していました。

彦根町から彦根市へ ―町から市へ受け継がれた公共施設

行政組織の変遷

明治4年（1871）の廃藩置県により、藩に代わる新たな行政組織として「県」が置かれました。当初は、藩の単位が引き継がれたため、彦根県となりましたが、その後統廃合を繰り返し、長浜県、犬上県を経て、明治5年、近江全体を一つの県とする滋賀県が組織されました。

彦根県・犬上県の庁舎は彦根城内に置かれましたが、長浜県庁は長浜大通寺、滋賀県庁は大津に置かれ、彦根が地域政治の拠点という位置からはずれることになりました。その後、明治24年（1891）、大正9年、昭和11年（1936）と、何度も県庁を彦根に移転するよう誘致運動が行われましたが、実現することはありませんでした。

滋賀県のもとで、行政区画は郡・区・町村に分けられ、旧城下町は犬上郡に属し、10区・92町に編制されました。町は、江戸時代以来の町名を引き継ぐ所が大半でしたが、町人地の中心街が一番町から五番町に再編されるなど、名称変更されたところもありました。明治22年（1889）、町村制が敷かれると、旧彦根城下町域を一つの行政単位とする彦根町が成立します。

昭和12年（1937）、彦根町と松原・北青柳・青波・千本・福満の1町5村が合併し、県下2番目の市として彦根市が誕生しました。当時の人口は約四万人。その後、戦時中の昭和17年（1942）には磯田村・南青柳村が彦根市に合併し、戦後には、日夏村（昭和25年）・鳥居本村（昭和27年）・河瀬村・亀山村（昭和31年）・高宮町（昭和32年）と次々と合併し、さらに稲枝町も昭和43年（1968）に合併したことで、現在の彦根市域が形作られました。

城下町こぼればなし

久左《きゅうざ》の辻のいわれとQ座

銀座・登り町・花しょうぶ通り・橋本の4商店街が接する交差点は通称「久左の辻」と呼ばれています。江戸時代、この地に豪商の丁字屋・近藤久左衛門が住んでいたのがその名の由来ですが、近藤家について次のような逸話が伝わっています。

近藤家の娘が御殿女中に上がり、やがて良縁を得て婚儀となりましたが、大変な婚礼道具と武士の護衛までつくという豪華絢爛なものでした。この婚儀のようすを見ていた近所の人から「このようなことでは丁子屋も後がなかろう」と話していたのでしたが、案の定、その後、嫁ぎ先は間もなく破綻し、近藤家も次第に衰退していき、明治維新の頃には跡形もなくなったということです。現在、この角には地名の由来が石碑に刻まれています。

久左の辻の石碑が建つ前の空き店舗は、滋賀県立大学の学生グループ「ACT《アクト》」が平成10年より8年間にわたりACTステーションとして商店街と学生の交流の場として、活用していました。久左の辻をもじって「Q座」と命名され、商店街と学生が最初に取り組んだ空き店舗対策事業でした。

久左の辻を示す石碑

役場

町役場は本町（旧市立病院の地）に置かれ、西隣には議事堂もありました。町役場は昭和3年（1928）に2階建ての洋館へと改築し、この庁舎は市制後も引き続いて使われていましたが、昭和43年（1968）に旧印刷局彦根工場跡へ移転しました。

町立病院

明治24年（1891）、宗安寺の西隣に町立病院が開院しました。この場所には、明治3年（1870）に彦根藩によって「汎愛医館」という病院が置かれていましたが、明治4年（1872）の廃藩とともに閉院しており、公立病院のさきがけが建てられていた由緒ある場所でした。その後、施設を拡充して移転新築することになり、明治34年（1901）に本町の議事堂西隣に新病院が建設されました。昭和8年（1933）には改築して2階建ての洋風建築となります。昭和12年（1937）の彦根市制とともに、彦根市立病院と改称し、その後も病棟などの増築を繰り返し、昭和44年（1969）には、市役所の庁舎が移転した跡地に6階建ての新館を建築しました。平成14年（2002）、現在の開出今町に新築移転しました。

図書館

町立図書館は、大正5年（1916）に彦根公会堂内に開館し、その後、大正13年（1924）に中川留三郎の遺産が図書館経営のために寄附されて、昭和2年（1927）に2階建ての新館が四番町（現在の西地区公民館の地）に建てられました。現在の尾末町に移転したのは昭和54年（1979）のことです。

現在、図書館内にある舟橋聖一記念文庫は、昭和51年（1976）、作家・舟橋聖一の蔵書約4万点が遺族から市に寄贈され、その業績を顕彰するために開国記念館に開設されたのがはじまりです。市立図書館が尾末町に移転するとともに、図書館内に併設されました。小中高校生の読書創作活動を振興することを目的とした舟橋聖一顕彰文学奨励賞、および青年を対象にした文学登竜門として舟橋聖一顕彰青年文学賞が設けられています。

四番町に建てられた彦根町立図書館

彦根町立病院（大正6年撮影）

城下町こぼればなし

彦根かるた

昭和58年（1983）彦根青年会議所と彦根史談会がびわこ国体に来彦する方々を温かく迎えようと発足した「ふるさと研究友の会」の中から誕生したのが「彦根かるた」です。彦根の歴史を楽しみながら学ぶことを目的としたこのカルタは、市内天晨堂書店が発行しています。翌年から、彦根かるた取り大会が彦根青年会議所の主催で開催されてきましたが、平成9年（1997）には中日新聞社に移管されました。夢京橋キャッスルロードの歩道にはこのカルタの取り札がはめ込まれています。

カロム

四角の盤面に4人が2チームで玉を打つ「カロム」というゲームが、彦根では盛んに興じられてきました。世界にも同様のゲームがあり、カロムも明治末期から大正の初めに海外から伝わったものであろうと推測されますが、歴史や伝来に関して確かな根拠はありません。ところが、彦根では一家に1台カロムがあるといわれるぐらい、誰もが知っているゲームです。昭和62年（1987）から日本カロム選手権が開催され、翌年には日本カロム協会が設立され、彦根青年会議所に事務局を置いています。

近代彦根の教育機関

彦根の教育

江戸時代に藩校や寺子屋《てらこや》があり、教育に熱心だった彦根のまちでは、明治維新後、いち早く学校設立の動きを見せ、子どもたちの教育に取り組みました。

彦根洋学校

明治4年（１８７１）、彦根藩ではアメリカ人ウィリアム・グードメンを洋学校教師として雇い入れ、藩士鈴木貫一の屋敷（上片原町、現在の立花町）に洋学校を開設しました。鈴木家の長屋門は現存しており、市の指定文化財です。

金亀教校

旧彦根藩校の跡地に、明治9年（１８７６）、浄土真宗本願寺派（西本願寺）寺院の子弟を教育する学校として設立されました。明治35年（１９０２）に近畿圏を学区とする第3仏教中学校へと拡大しますが、明治42年（１９０９）に京都へ移転し、平安中学校（現在の平安高校）となりました。

彦根中学校

明治維新期の彦根を支え、政治結社・集義社に集まった士族たちによって学校設立の気運が高まり、明治9年、上等小学校（10歳から13歳の4年間）として彦根学校が元川町（現在の本町二丁目、びわこ銀行の地）に設立されました。翌年には県立に移管されて、小学校教員を養成する伝習学科を設けた彦根伝習学校となります。教育制度の変遷によって名称が何度も変更されましたが、明治20年（１８８７）、県下で最初の尋常中学校（5年制）として彦根中学校が開校しました。明治22年（１８８９）には金亀町の現在の彦根東高校の地に移転し、欧風2階建ての新校舎が建設されました。

新校舎建設にあたって、旧彦根藩士の士族たちは、県庁所在地の大津へ移転させてはいけないと考え、ちょうどその頃、井伊家から士族に対して産業補助のために下された下賜金の取り扱いを協議していたところであり、その大半を校舎新築費として寄付することとしました。戦後、彦根東高等学校となりました。

鈴木家の長屋門

滋賀県立第一中学校（撮影年不明）

彦根高等女学校

県下初の高等女学校。男子の教育機関である彦根中学校の設立に関わった武節貫治（河手良貞）は、女子教育の必要を訴えて、明治19年（１８８６）に女学校を設立、翌年、私立淡海女学校と命名されました。明治24年（１８９１）、武節が東京に転居するにあたり、学校の備品類を彦根町へ寄付し、町立彦根女学校として運営されることとなります。明治35年（１９０２）に県立となって明治43年（１９１０）に池州町に校舎を移転しています。戦後、彦根西高等学校となりました。

幼稚園

明治23年（１８９０）、彦根藩医であった中島宗達によって、明性寺に彦根で最初の私立幼稚園が設立されます。その後、下魚屋町に設立された西幼稚園とともに町立となった後、2園が合併して四番町（現在の本町）に移り、彦根町立幼稚園が設立されました。

彦根商業学校

明治44年（1911）に彦根町立尋常高等小学校附設工業学校として、現在の西中学校の所に開校しました。その後、商業科が加わり、工業科は県立として独立、青波村芹川（芹川町、現在の彦根翔陽高校の地）に移転しました。

彦根高等商業学校

全国9番目の官立高等商業学校として大正12年（1923）、現在の滋賀大学経済学部の地に開校。当初から近江商人の研究が盛んです。昭和24年（1949）、戦後の学制改革で滋賀大学経済学部となりました。講堂および陵水会館が登録文化財となっています。

近江実修工業学校

昭和13年（1938）、近江絹糸紡績が工場内に従業員教育のために設立した学校です。その後、金亀町に移転しました。現在の近江高校です。

滋賀大学経済学部講堂。大正13年（登録文化財）

滋賀大学陵水会館（登録文化財）
W.M.ヴォーリズ設計による洋風建築。昭和13年

第3章

城下町の暮らし

城下町の姿

堀で区画された町

彦根の城下町は、天守のある城山を中心に三重の堀がめぐらされ、さらに南は芹川、北は内湖、西は琵琶湖でさえぎられています。これら町の骨格は、築城にあたって堀や町割、道路などが計画的につくられたものであり、人工的な都市計画によってつくりだされた都市ということができます。そのため、区画ごとに居住者の身分・職業が規定されていました。

内曲輪：内堀と中堀の間
内堀の外には、家老など上級藩士の屋敷や、藩主子弟の住んだ広小路屋敷（東高校の一角）、馬屋、藩校などの藩の施設がありました。

内町：中堀と外堀の間
知行取の藩士の屋敷が堀沿いなど周囲を固め、中心の通り沿いに町人の居住区がありました。外堀沿いには、城下の住民が信仰した各宗派の寺院が建ち並んでいます。

外町《とまち》：外堀の外
歩行、鷹匠《たかじょう》・餌指《えさし》・玉薬中間といった職能をもって仕える家臣、足軽組屋敷など、下級藩士が役職ごとにまとまって居住していました。町人の町は大坂夏の陣後の二期工事や、その後の城下町拡張によって開発された町です。また、周辺には家老ら上級家臣の下屋敷もあります。

彦根に通じる街道

彦根の東には、五街道の一つである中山道が通っていましたが、そこから彦根へ至る三つのルートがありました。

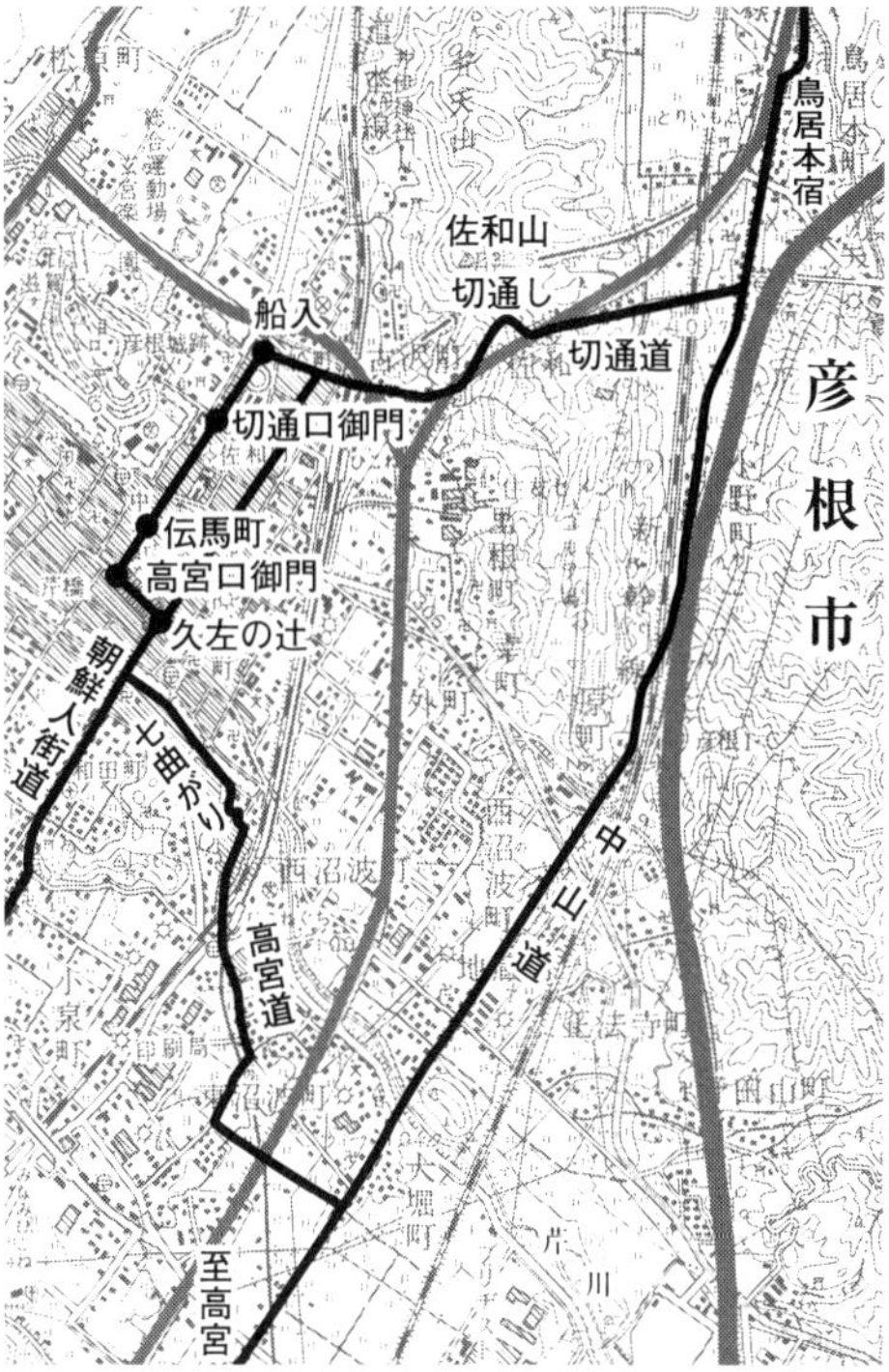

彦根にいたるルート

切通道《きりとおしみち》

中山道の鳥居本宿南端には「右彦根道」と刻まれた道標が建っています。この道を進んで佐和山の切通しを越えると、猿瀬川の石橋が彦根町との境界になります。このまままっすぐ進むと、突き当たりが船入の付近です。ここで左折して進むと、外堀に掛かる切通口御門に至ります。

高宮道

高宮宿から鳥居本方面へ進んだ所にある大堀村（現在の大堀町）に、彦根への分岐点がありました。そこを曲がり、彦根口から七曲がりを経て芹川の橋を渡ると、通称「久左《きゅうざ》の辻」に至ります。

朝鮮人街道

野洲から鳥居本までの間、中山道から分岐して琵琶湖側を通る「朝鮮人街道」は、橋向町から彦根城下に入り、城下をぬけて鳥居本で中山道に合流します。

内町大通りと外町大通り

これらの道は、城下の宿場である伝馬町で合流していました。この道は通行人も多く、商家が立ち並んでおり、城下町のメインストリートといえます。

当時の記録に「内町大通り」という表現も見られます。それに対して久左の辻から登り町グリーン商店街、おいでやす商店街と続く通りは「外町大通り」と呼ばれていました。

城下町の人口

城下町の人口は、元禄8年（１６９５）の「大洞弁財天祠堂金寄進帳」によると、武家は、知行取藩士５００人、歩行１３０人、足軽１１２０人、家族や家臣を含めて約1万９０００人がいました。町人は約1万５０００人、これに寺社人口を加え、約3万６０００人の暮らす全国でも有数の都市でした。

町人の町

町の数は、年代によって多少の増減がありますが、元禄8年（１６９５）の「大洞弁財天祠堂金寄進帳」には、彦根53町と記されています。

これらの町は、四つに区分され、それぞれ筆頭となる「親町」が置かれていました。親町の名を冠して、内町は本町手・四十九町手、外町は河原町手・彦根町手があります。藩から町人への指示伝達などは、町奉行から四手の年寄、各町の町代を経て町内各家へ達しました。

町名の由来

武家の町・町人の町とも、原則として一筋の道で向かい合った家々で一つの町を構成していました。町名の由来は次のようなものがあります。

藩に仕える役職ごとに家臣が集住した町

御歩行町《おかちまち》、伊賀町（伊賀組の歩行が居住）、御旗町（旗指役が居住）、七十人町（七十人歩行が居住）、鷹匠町、餌指町、小道具町など。

築城工事や生活に必要な道具をそろえるために集められた職人たちが職種ごとに住んだ町

鍛冶屋町・大工町・紺屋町・桶屋町

築城前からの地名・地形に由来

尾末町・彦根町・元安養寺町・安清町・河原町

周辺の寺院・施設の名に由来

円常寺町・長松院前や、船入り近くにある外船町・内船町

地形に由来

三筋町・水流町・橋本町・橋向町

城下の入り口―門の規定

彦根城には三重の堀をめぐらしていたため、城下を行き来するためには、武士も町人も堀に架かった橋を渡らなければなりませんでした。中堀・外堀には合計11ヶ所の橋が架かっており、それぞれの場所には門が設けられて、門番が人々の出入りを監視して城下の治安を守っていました。

各門は、明六つから暮六つまでは開門しておき、暮六つの鐘が鳴ると門が閉められます。この後も四つ時までは潜《くぐ》り戸は開いているので、住人などは通ることができます。女性の通行は、暮れ六つ以後（外堀は四つ以後）は提灯を持って送る人が付き従っていないと門の出入りが認められていませんでした。

門番は、足軽を永年つとめあげて退役した者が昇進してつとめることになっています。これを「番上がり」と称し、彼らは上番衆町と下番衆町に住居を与えられていました。普段は昼夜とも各門に置かれた番所に7人ずつが詰めて守衛していました。

城下町の水事情

城下町では、芹川の旧河川などには何ヶ所も湧水地がある一方、湖岸付近の井戸水は飲用に適さない所もあり、早い段階から水道が引かれていました。油掛口御門の外で取水された水道は、武家屋敷や町屋へ引き込まれ、表御殿や槻御殿の方面につながっています。

下瓦焼町では、宝暦5年（１７５５）、町人たちが町の組織主体で安養寺中町から竹管を引き、水道を敷設することを藩に願い出て、許可されています。

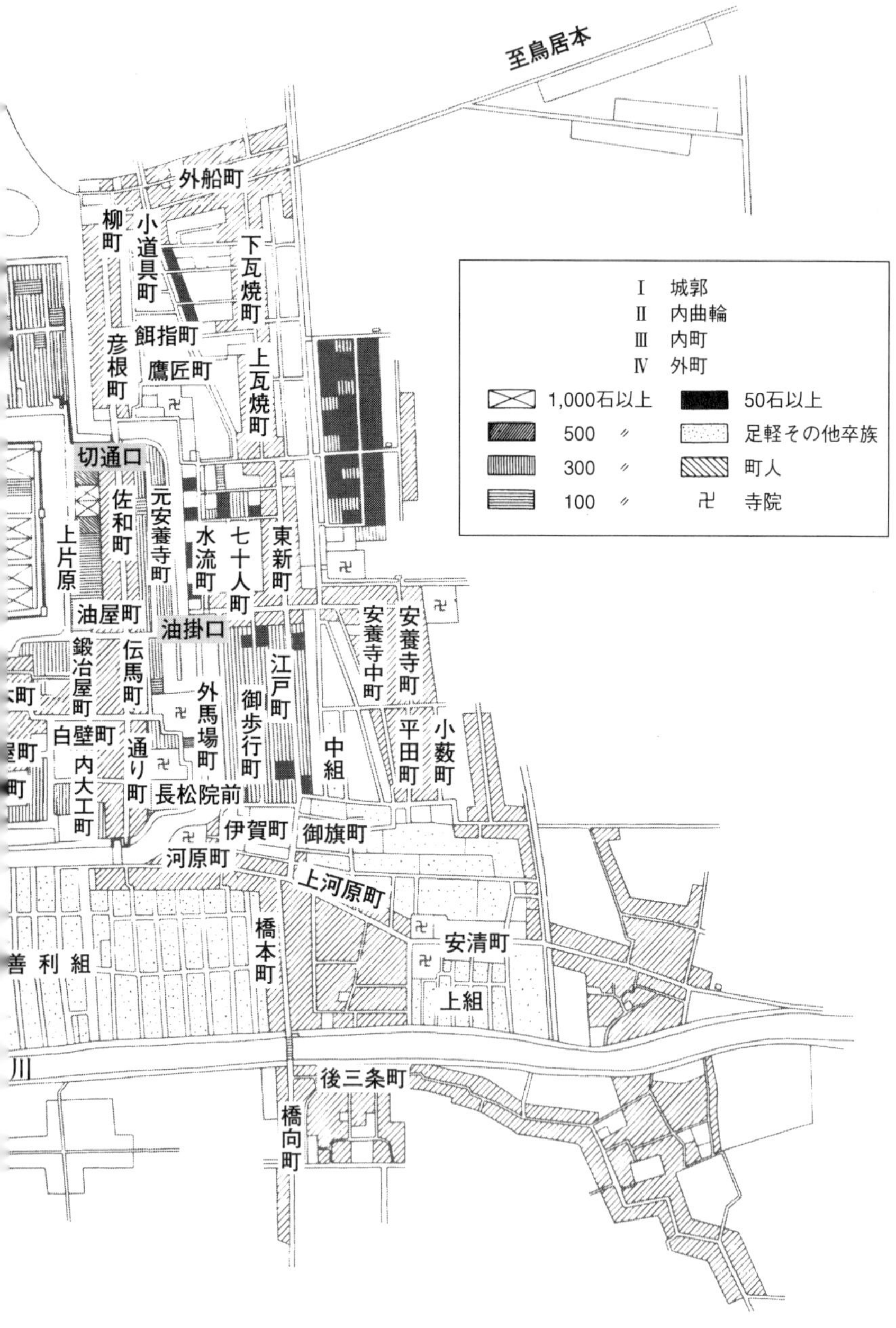
至鳥居本
Ⅰ 城郭
Ⅱ 内曲輪
Ⅲ 内町
Ⅳ 外町
1,000石以上
500 〃
300 〃
100 〃
50石以上
足軽その他卒族
町人
卍 寺院
外船町
柳町
小道具町
下瓦焼町
餌指町
彦根町
鷹匠町
上瓦焼町
切通口
佐和町
元安養寺町
上片原
水流町
七十人町
東新町
油屋町
油掛口
鍛冶屋町
伝馬町
外馬場町
御歩行町
江戸町
安養寺中町
安養寺町
白壁町
内大工町
通り町
長松院前
中組
平田町
小藪町
伊賀町
御旗町
河原町
上河原町
橋本町
安清町
善利組
上組
川
後三条町
橋向町

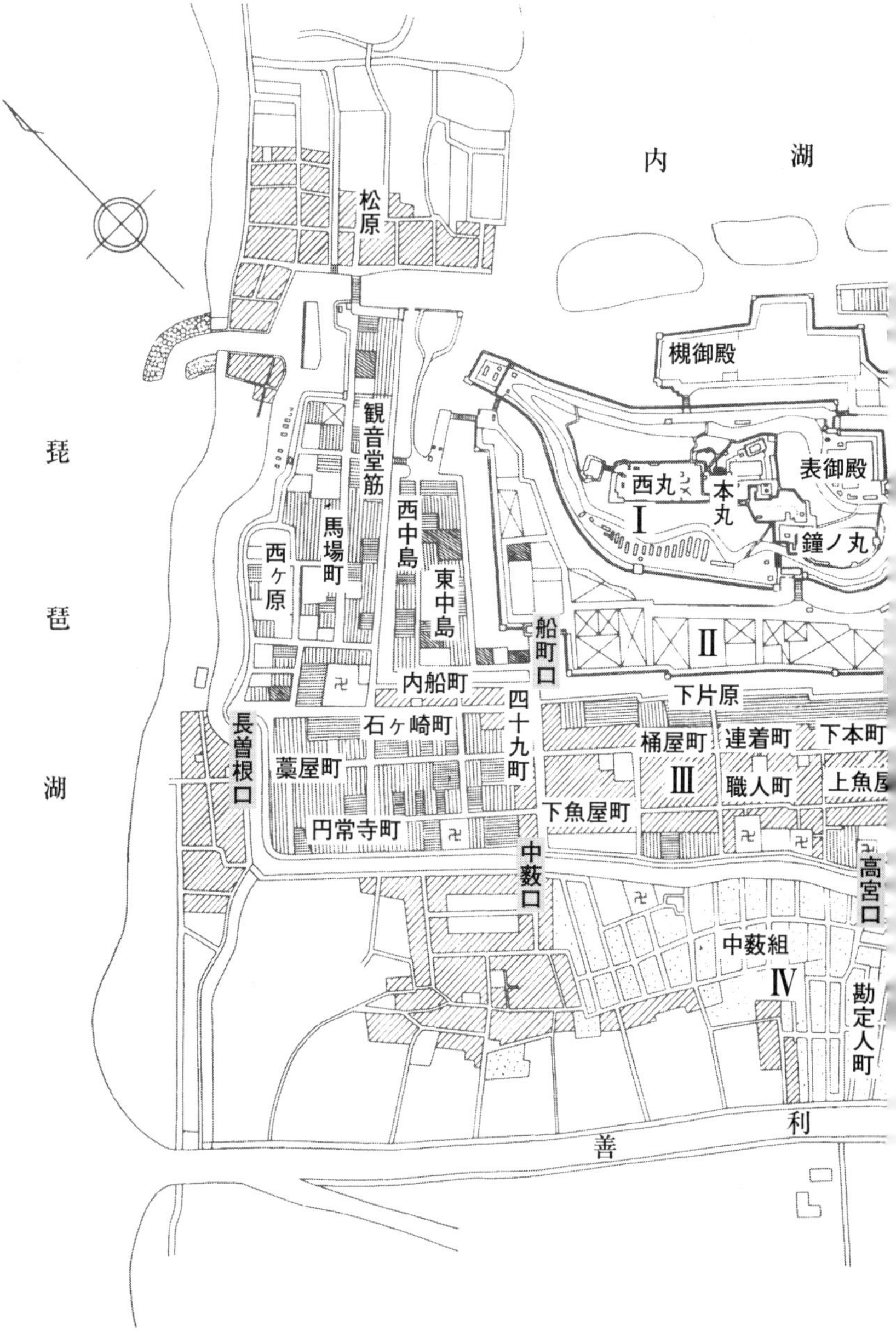
内　湖
松原
琵琶湖
槻御殿
西丸
本丸
表御殿
鐘ノ丸
Ⅰ
Ⅱ
観音堂筋
西中島
東中島
馬場町
西ヶ原
船町口
内船町
下片原
石ヶ崎町
四十九町
桶屋町
連着町
下本町
長曽根口
藁屋町
Ⅲ
職人町
上魚屋
下魚屋町
円常寺町
中薮口
高宮口
中薮組
Ⅳ
勘定人町
善　利

江戸時代の彦根城下町

城下に置かれた施設

問屋場《といやば》

伝馬町《てんまちょう》は、城下で伝馬役をつとめる町でした。伝馬役とは、街道の宿場ごとに運送用の馬を常備しておき、荷物を次の宿まで順送りに運ぶしくみのことで、幕府道中奉行の管轄下にありました。伝馬町は「彦根宿」とも呼ばれて、荷物の受け渡しをする施設「問屋場」が置かれました。

問屋場を支配したのが石臼屋外村三郎兵衛です。外村は、近くの安清村から移り住んだという由緒をもっていますが、築城前のようすを記した絵図によると、築城前の彦根村の領主として「外村三郎兵衛」の名が見えます。つまり、城下町運営の上で重要な役割を果たすポストに旧来の有力者を据えたということができます。伝馬町には実際に荷物を運ぶ業務にたずさわる人足《にんそく》や馬持《うまもち》が住んでいました。

秤座《はかり》

伝馬町には、他にも幕府の支配に属する城下ただ1軒の店舗がありました。それは秤座の出張所です。重量を計測する秤は、全国どこでも基準を統一しておき、正確さが求められたため、幕府では江戸と京都の2家だけに製造販売の特権を与えていました。伝馬町にあった伏見屋阿知波勘兵衛は、江戸の秤座・守随《しゅずい》家の出張所で、守随家の製造した秤の販売や修理をおこなっていました。

魚屋町・魚問屋

肉類をほとんど食べなかった江戸時代、魚は動物性たんぱく質を摂取する貴重な食材でした。そのため、彦根に運ばれてくる魚を藩が優先的に入手できるよう統制していました。万一戦争になったときには、武士への食糧を確保するためと考えられます。敦賀・若狭（福井県）や伊勢（三重県）、京都方面から運ばれてきた魚はすべて下魚屋町に置かれた魚問屋へ卸され、その後魚屋それぞれが小売りすることができるしくみになっていました。上魚屋町・下魚屋町は、本町とともに最初に町割りされた町で、魚屋をはじめ、有力町人が住んでいました。

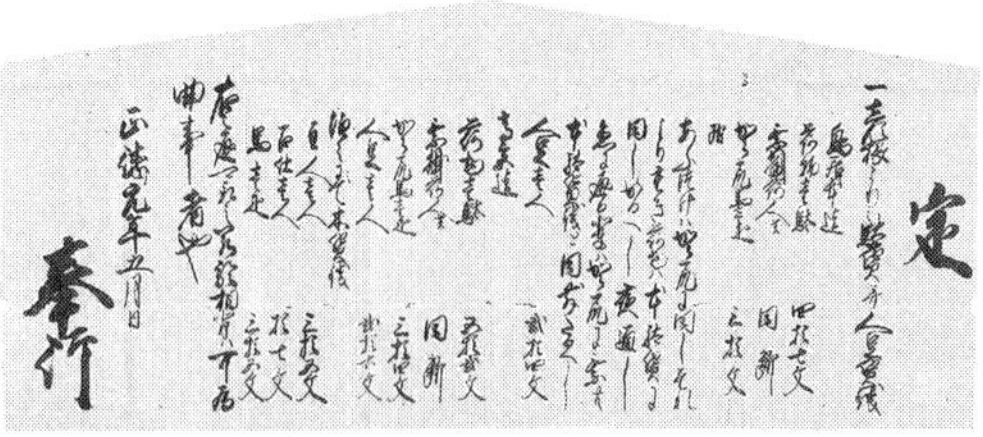

荷物運賃を定めた伝馬町高札の写し（彦根城博物館蔵）

魚屋が軒先を並べていた旧下魚屋町

勘定場《かんじょうば》と郷宿《ごうやど》

江戸時代にも紛争を解決する手段として訴訟裁判がありました。町人の訴えは町奉行が、領内の村人のものは筋奉行が扱います。いずれも尋問や申し渡しは元川町にあった勘定場（勘定所ともいう）でおこないます。そのため、遠方の村人は、訴訟のために城下町に滞在して、奉行からの呼び出しに備えました。彼らが宿泊したのが郷宿です。勘定場付近に数軒ありました。

牢屋

四十九町に牢屋があったため、四十九町は「牢屋町」とも俗称されていました。武士を収容するための牢屋で、井伊直弼の側近であった長野義言《よしとき》らも捕縛されてここに収容されています。

彦根の特産品

彦根から江戸へ―将軍への献上品―

各地の大名は将軍へ毎年決まった時期に地域の特産品を贈っていましたが、彦根からは高宮布、鮒鮨《ふなずし》、鴨・雁、醒《さめ》ヶ井《い》餅がこれにあたります。

琵琶湖の鮒をなれ鮨にした鮒鮨は、近江各地の大名が献上していましたが、彦根藩主は毎年春と秋の2回献上することになっていました。

藩主は、在国中は冬になると将軍から下賜された鷹を使って、八坂《はっさか》や磯あたりの湖岸で鷹狩りをおこない、それで獲れた鴨や雁を将軍に献上するのが慣わしでした。

井伊家から将軍家への献上品

高宮布	帰国の御礼
鮒鮨	4月・11月
醒ヶ井餅	寒の入り
雁・鴨	冬

高宮布

高宮周辺で織られる麻布で、高宮の近江商人の手で全国へ販売されていたブランド商品でした。武士の正装である裃・袴や暖簾《のれん》などに用いられました。

高宮周辺の農家で、農閑期の副業として機織りされましたが、麻の繊維を糸にする「苧績《おう》み」は、農家の副業だけでなく、彦根城下町の町人や武士の内職としてもおこなわれていました。

湖東焼

湖東焼は、江戸時代後期、彦根城下町で作られた焼物です。文政12年（1829）、商人絹屋半兵衛らによってはじめられ、当初は芹川下流の晒山《さらしやま》に窯を開きますが、のちに佐和山麓に移転し、天保13年（1842）に藩主井伊直亮によって藩に召し上げられ、藩の直営となりました。藩窯《はんよう》として高級品が生産され、直弼の時代に最盛期を迎えますが、桜田門外の変によって藩が騒然となると、文久2年（1862）には藩窯は廃止されました。

伊万里・九谷や京焼など、各地の名産地より技術を取り入れ、名工を召し抱えて、金襴手《きんらんで》・赤絵金彩・色絵・青磁などのこまやかで美しい逸品が作られています。客分待遇で召し抱えられた鳴鳳と幸斎が絵付した作品は湖東焼を代表する逸品です。また、地元の自然斎（鳥居本在住）・賢友（白壁町）・赤水（高宮）・床山（原村）は株仲間を結成し、藩窯から購入した素地に赤絵を施して中山道の旅人らに販売しました。

湖東焼　赤絵《あかえ》金彩《きんさい》羅《ら》漢雲鶴《かんうんかく》文茶碗《もんちゃわん》（幸斎作）（彦根城博物館蔵）

食の名産

赤かぶら

江戸時代、城下近くの小泉村では、約10㎝の下ぶくれ型という独特の形をした紅色のかぶらが栽培され、ぬか漬けにされていました。このかぶらは、お城の庭を手入れしていた小泉村の者が発見して殿様に伝えたところ、殿様から栽培するように命じられたため、漬け物にして献上したのが始まりと伝わっています。実際、江戸時代末期には、小泉の紅かぶらは御殿に納入されてぬか漬けにされていました。

今は、品種は柔らかい赤丸かぶらに変わったものの、湖岸ではさがけして漬けられる赤かぶらは彦根の冬の味として親しまれています。

松原えび

松原ではスジエビ（小えび）が多く獲れたため、「松原えび」と呼ばれていました。えびと大豆を炊いた「えび豆」や佃煮などに調理しますが、家庭ごとに独自の味付けがありました。

湖魚

琵琶湖で獲れる魚には、鯉・鮎・鮒・イサザ・ハスなどがあります。中でも、鮒に代表されるなれ鮨は、祭礼で神に捧げられることもあり、琵琶湖の恵みを象徴する食べ物といえるでしょう。昔は、普段はご飯と野菜中心の食生活であり、行事・祭礼などの特別な日にだけ魚を口にすることができました。

豆腐

彦根のまちには江戸時代から豆腐屋が何軒もありました。当時は肉や魚を口にする機会が少ないため、大豆製品は重要なたんぱく源でした。豆腐は1度にたくさんの大豆を加工するため、消費者がたくさん住む都会ならではの食品ということもできます。殿様は毎日のように豆腐を食べていたようですが、庶民にとっては特別な日に食べるごちそうでした。

牛肉

古来の日本では牛肉食をタブーとする社会規範がありましたが、彦根藩には、牛革を武具に使用するために牛を解体する職人集団があり、解体した肉を食用に加工する技術も伝わっていました。冷蔵技術のない時代、肉が腐らないための工夫として、味噌漬・粕漬や干肉といった加工がありました。

牛肉は、良質なたんぱく質やビタミンが豊富なため、米・野菜中心の食生活では不足しがちな栄養を補うことができ、食べることで体調が快復する効能があります。そのため、滋養強壮剤的な認識があったようです。江戸時代後期、寛政年間には、幕府が彦根牛肉の製法を調査していますが、これは蘭学によって牛肉の効能を知った医師が調べたものと思われます。これによって牛肉の味を知った幕閣の中には、その味と効能に魅せられて毎年のように井伊家に所望した者もいたようです。

彦根で作られていた牛肉をもとにした薬として「反本丸《へんぽんがん》」がありますが、これは中国古来の「本草学」（薬用動植物研究）の書物『本草綱目』にも製法が載っているものです。

菓子

醒ヶ井餅

細長いかきもちで、のし餅を薄く削り、干して作ります。中山道の宿場・醒ヶ井の地名がついていますが、醒ヶ井地域だけではなく、彦根城下でも作られています。特徴的な形状のため、その形に対する名称として知られるようになったようです。彦根藩から幕府へも献上される地域の特産品でした。焼いて食べるほか、湯につけてやわらかくするという食べ方もありました。茶人でもあった彦根藩主井伊直弼は、茶懐石の最後に出す御飯の代わりに「割醒ヶ井」を好んで使っています。

益寿糖《えきじゅとう》

江戸時代終わりから明治時代にかけて、当地一番の銘菓といえば、城下の菓子商「糸屋重兵衛」で作られた益寿糖でした。餅米と粟水飴を練り固めた餅に和三盆糖をまぶした餅菓子です。藩主から他家への贈答品としても使われています。

益寿糖

彦根りんごと彦根梨

江戸時代から、彦根藩士の屋敷の庭などでりんごが栽培されていました。中国原産の小粒な和りんごで、夏に収穫されました。これは大老を務めた10代藩主井伊直幸から将軍へも献上されています。明治以降も彦根で栽培され、地域の特産品でしたが、洋りんごが広まると次第に影を潜めていきました。現在、和りんごを彦根で復活させようという活動がおこなわれています。

現在の彦根の特産品として彦根梨があります。荒神山ふもとの石寺町で栽培されており、幸水・豊水・新高の3品種があり、8月中旬から出荷されています。ワインにも加工されています。

彦根りんごの図（山口文太郎蔵）

地域の産業

百卅三銀行

明治初年、政府は国立銀行券（紙幣）発行を認める国立銀行を各地に設立させます。彦根でも士族や有力商人が発起人となって国立銀行の創立を申請しますが、同時期に大津でも申請していたため、両者を併せて大津に本店を置く第六十四国立銀行が設立されました。しかし両者は経済的基盤が異なっていたため、明治12年（１８７９）に分離独立して、彦根を本拠とする第百三十三国立銀行が設立されました。明治32年（１８９９）には国立銀行の存立期間が満了したため、私立の株式会社百卅三銀行と改めます。その後、昭和8年（１９３３）には八幡銀行と合併し、滋賀銀行が新たに設立されました。

国立銀行時代より、本店は本町にありましたが、大正14年（１９２５）に川原町支店の地に移転しました。現在の滋賀銀行彦根支店の建物です。

製糸場

明治11年（１８７８）、県営の彦根製糸場が平田村に設置され、輸出用の生糸が製造されました。これは、殖産興業政策を推進し、士族授産事業という性格もあったもので、官営の富岡製糸場に倣って建てられました。彦根製糸場は、井伊家へ払い下げられた後、明治35年（１９０２）に閉鎖となりますが、これを契機として彦根に養蚕製糸が根づき、製糸業が彦根の主要な産業となったのでした。明治20年（１８８７）に設立された山中製糸場は、国華製糸株式会社となり、さらに鐘淵紡績会社彦根製糸工場と移り変わりました。大正6年（１９１７）に設立された近江絹綿株式会社（大正8年に近江絹糸紡績株式会社と改称）は、当初は地元有志を株主とする小規模な工場でしたが、時流に乗って大きく成長しました。

バルブ

京都で簪《かんざし》装飾の金工技術を習得した門野留吉《かどのとめきち》が、その後製糸工場で使う煮繭《しゃけん》設備のボイラーの蒸気用カランを修理のち製造をはじめたのが彦根バルブの始まりです。明治20年代には造船・水道などの諸工業も盛んになり、それらに必要なバルブ・コックを製造するようになりました。留吉は弟子たちに旋盤技術を教え、その技術を習得した弟子が次々と独立開業したため、この地にバルブ産業が根づきました。一方、従来からこの地域では鋳造技術が発達しており、鋳造によってバルブを製造する系統の業者も出ています。彦根でバルブが発達したのは、少量の特注品でも器用に対応できる小規模な工場が密集していたことが挙げられます。当初は一工場で一貫作業により製作していましたが、船舶用バルブなど大型品や大量注文が入るようになると分業が進み、製品の規格化も進みました。現在、20社前後のブランドメーカーとそれを支える60～70社の関連企業があり、滋賀県内で最大規模の地場産業となっています。

彦根仏壇

江戸時代から、七曲がり周辺で仏壇が製造されています。その始まりは、武士の使う武器類を作る金工・漆工職人が、武器の需要が低くなったため仏壇製造に転じたといわれています。仏壇製造は、木地師・屋根師・高欄師・彫刻師・塗師・箔押師・飾金師・蒔絵師という「工部七職」に分業され、それぞれ制作された部品を問屋にて組み立ててできあがります。

仏壇仏具業界では初めて、国の伝統工芸品に指定されています。

縫製加工

古くから彦根には足袋《たび》の製造会社がありましたが、戦後、足袋の需要が激減すると、婦人下着の縫製加工へと転換し、下着メーカーの製品を製造しています。バルブ・仏壇と縫製加工の代表であるブラジャーの頭文字をとって彦根の主要産業は「３Ｂ」と称されます。

彦根繍

明治時代より、主に輸出品として製作された刺繍《ししゅう》製品。西洋刺繍の技術を取り入れ、刺繍したように見える織物の上に画師が原画を描き、その上に刺繍職人が刺繍を施したものです。明治38年（1905）に設立された私立彦根工芸学校でその技法が伝習されました。外国向けのものは富士山や神社仏閣の図柄が好評でした。平成10年（1998）に滋賀県の伝統工芸品に指定されましたが、現在受け継いでいるのは1社のみです。

煙草《たばこ》

平田の彦根製糸場が閉鎖された跡地に、官営の煙草製造所（名古屋専売局彦根製造所）が置かれ、刻み煙草の製造と販売をしました。これは、煙草専売制実施を見越した地元の実業家たちが、まず民営で煙草製造をおこない、実績を示して誘致したものでした。明治41年（1908）には事業拡大のため、餌指町《えさし》（現在の彦根市役所の地）に新工場を建設しました。工場の成績はよく、当時の彦根最有力の工場でした。

戦時中の昭和19年（1944）、政府の印刷工場を東京近郊から疎開させる先として、彦根の専売局工場が選ばれました。彦根で紙幣印刷をすることになったのです。現在も、市内に国立印刷局の工場があります。

航空機

戦時中の昭和18年（1943）には、近江絹糸紡績が三菱重工業の援助を受けて航空機生産に乗りだし、近江航空工業株式会社を設立します。当初は飛行機の部品を製造していましたが、昭和20年からは零式戦闘機（ゼロ戦）などの飛行機の組み立てを開始しました。この工場には女性や学生も動員され、「女ばかりの飛行機工場」として有名になりました。外町や馬場に工場がありましたが、終戦間近の昭和20年7月に集中的な空襲に遭い、工場を焼失してしまいました。彦根総合高校前のJR踏切名「近江航空」に、その名残が見られます。

近江鉄道

湖東に敷かれた鉄道は、官立の東海道線の湖東線（長浜―大津間）が明治22年（1889）に開通し、旧東海道に沿って三重県と結ぶ関西鉄道（草津―四日市間）もまもなく開業しました。ただ、両線は湖東内陸部の主要な町から隔たっており、地域の経済発展を願う近江商人や旧彦根藩士の士族らによって、近江鉄道株式会社が設立されました。まず、明治31年（1898）に彦根―八日市間が開通し、明治33年（1900）に関西鉄道貴生川駅に至る41・9kmの全線が開通したのでした。その後、高宮―多賀間、彦根―米原間も開通しています。

地域の産業を支えた金融機関

俳遊館（旧彦根信用組合本店　大正13年）

滋賀中央信用金庫銀座支店　久左の辻に建つ
（旧明治銀行彦根支店　大正７年）

城下町こぼればなし

スミス記念堂

昭和6年（1931）、日本聖公会彦根聖愛教会のアメリカ人牧師で彦根高等商業学校の英語教師でもあったパーシー・アルメリン・スミスが、地元の大工宮川庄助と協力し、両親への感謝の思いと両国民の平和交流を願って、日米双方から多大な醵金を集め、建設した和風礼拝堂で、彼の名にちなんでスミス記念礼拝堂と呼ばれていました。ところが平成9年（1997）に、道路拡幅によって取り壊されることになりましたが、市民有志により平成19年彦根市立病院宿舎跡地に移築復元されました。スミス記念堂としてNPO法人スミス会議が運営しています。

アメリカ村

明治18年（1885）、磯田村（八坂、須越、三津屋からなり、現在の彦根市八坂町）からハワイへ3人が移民として渡航しました。その後、カナダのバンクーバーなどへ出稼ぎ移民を多く送り出しました。明治29年（1896）の大水害など頻発する水害でこの地が大きな被害を受けた影響で、明治31年（1899）からカナダ移民が急増しています。渡航して成功した者が親族を呼び寄せ、昭和初期には、磯田村からカナダ・アメリカへの移民は900人をかぞえました。

出稼ぎから帰ってきた人によって地元に西洋風の風習が見られ、磯田はアメリカ村と呼ばれていました。和歌山県のアメリカ村についで海外移住者が多かったのが磯田でした。

第4章
彦根人物史

佐和山城下の暮らしぶりを伝えた

おあむ（おあん） 生年未詳

山田去暦《きょれき》という侍の娘で、生年は未詳。去暦は、徳川家康に手習い（書道）を教えたといい、後に石田三成に仕えて佐和山城下に暮らしていました。慶長5年（1600）9月の関ヶ原合戦で西軍が敗れると親子は佐和山城に籠もり、籠城戦の末にともに脱出。おあむは土佐国（高知県）に逃れて結婚しました。老年に至り、佐和山城下での暮らしぶりや戦時における緊迫した情勢を子・孫らに語っていて、『おあむ物語』として残されています。寛文年間（1661～73）に80余歳で没したということです。

井伊直政・直孝に仕えた軍学者

岡本半介《おかもとはんすけ》 天正3年（1575）～明暦3年（1657）

諱《いみな》は宣就《のぶなり》で、半介は通称。無名翁とも号しました。上野国（群馬県）の出身で、箕輪《みのわ》（群馬県高崎市）で井伊直政の家臣となりました。関ヶ原合戦では、朱地に金の乱れ星という目立つ模様の母衣《ほろ》を背に指して戦ったといわれています。その後、しばらく京都で蟄居していましたが、大坂の陣前に帰参して井伊直孝にしたがって出陣し、3000石を与えられ家老となりました。直孝が二条城・江戸城の普請を命じられた際には、奉行として実務を担当していました。上泉流の軍学に長じており、井伊家の軍法師範をつとめたほか、書画・和歌にすぐれたことでも知られています。

寛永21年（1644）、江戸幕府への提出を機に編纂した井伊家の系譜「井伊氏族系図伝記」は半介の著になるもので、半介の号により「喜庵稿」とも呼ばれて、江戸時代前期の井伊家系譜の定番として読み継がれました。

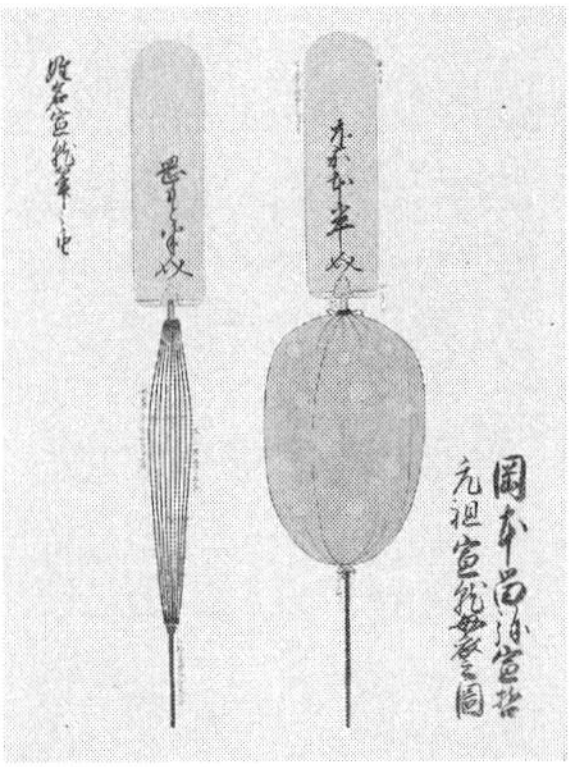
朱に乱れ星の母衣の図

彦根文学のさきがけとなった僧侶

元政《げんせい》　元和9年（1623）〜寛文8年（1668）

俗姓は石井（石居）。京都一条で生まれ、姉が井伊直孝の側室であった関係で彦根藩士となるが、病により辞し、慶安元年（1648）に出家しました（法名は日政）。以後、詩僧・歌人として活動し、多くの人々と交遊しています。明暦元年（1655）には京都南郊の深草に庵《いおり》（後の瑞光寺《ずいこうじ》）を結び、「深草の元政」と呼ばれました。出版された作品も多いですが、彦根には蓮華寺（中央町）・見塔寺（多景島）の梵鐘銘文が残されています。後進への影響も強く、「彦根文学のさきがけ」と評価されています。瑞光寺にある墓は、3本の竹を植えて墓標としました。

松尾芭蕉に入門した藩士

森川許六《もりかわきょりく》　明暦2年（1658）〜正徳5年（1715）

諱は百仲、五助と称し、300石取の彦根藩士。もともと俳句をたしなんでいたが、元禄5年（1692）に江戸深川で松尾芭蕉に入門して頭角をあらわし、蕉門十哲の一人に数えられるようになります。彦根では原町に住居をもうけ、そこに涌いた清水を「五老井」と名付け、自らもそれを号したほか、風狂堂・菊阿仏とも号しました。「許六」が六芸に通じるという意味である通り多才な人物でしたが、特に狩野派の絵画にすぐれており、龍潭寺（古沢町）方丈襖絵などの遺作が知られています。

「五老井」の石碑

陸奔車《りくほんしゃ》をつくった藩士

平石久平次《ひらいしくへいじ》　元禄9（1696）〜明和8（1771）

諱は時光。藩士の家系に生まれ、天文学・暦学を学んでいます。『新製陸舟奔車之記』（彦根市立図書館蔵）によると、享保17年（1732）に人力で走るペダル式の三輪車（陸奔車）を製作し、走行にも成功したということです。世界初の自転車ともいわれています。

出産に画期的な治療をもたらした

賀川玄悦《かがわげんえつ》　元禄13年（1700）〜安永6年（1777）

彦根藩士三浦長富の庶子として生まれ、母方の賀川姓を称します。長じて上洛し、按摩《あんま》などを業としながら医を学び、妊婦が難産で苦しんでいるのを、器具を使って解決したことから、本格的に産科医を志すことになります。玄悦は、それまで投薬による治療を主としていた産科に、器具を用いた処置を初めて導入し、貧しい妊婦を引き取って生活をともにするなど、実践に基づく研究を独自にすすめました。そして主著となる『産論』を著し、胎内で胎児が頭部を下にしているという「正常胎位」を示しましたが、これは世界的にも早い発見でした。明和6年（1769）には阿波蜂須賀家に召し出され、子孫も歴代が産科医として活躍しています。

京都から移住してきた儒学者

龍《たつ》　**草廬**《そうろ》　正徳4年（1714）〜寛政4年（1792）

名は公美、草廬・呉竹庵などと号しました。伏見（京都市）で生まれ、儒学を学び、京都で私塾を開き、寛延3年（1750）ごろより彦根藩と関係がありましたが、宝暦6年（1756）には正式に藩の儒者として召し抱えられ、彦根に居を移しています。彦根では表御殿などで藩主・藩士を前にして講釈しています。安永3年（1774）に隠居して、男子世華が藩儒を継承すると、京都に戻りますが、その後もたびたび来彦しました。

著名な学者である頼山陽《さんよう》**の妻**

頼《らい》　**梨影**《りえ》　寛政9年（1797）〜安政2年（1855）

三津屋の疋田藤右衛門の四女。京都で小石元瑞（蘭方医）のもとに奉公していたが、文化11年（1814）に頼山陽の妻となった。山陽は『日本外史』などの著作をもつ有名な儒学者で、京都の鴨川沿いにはその居宅「山紫水明処」（国指定史跡）も遺されています。梨影はその妻として読書・書画にはげみ、山陽の幼い2子を学者へと育てあげました（頼支峯・頼三樹三郎）。これらによって山陽へ貞節を尽くしたと評価され、「貞節君」という称号が贈られました。

井伊直亮に召し抱えられた御用絵師
佐《さ》竹《たけ》永《えい》海《かい》 享和3年（1803）～明治7年（1874）

会津若松城下で蒔絵師の子として生まれ、江戸の谷文晁のもとで画を学びました。天保9年（1838）に彦根藩御用絵師となり、藩主井伊直亮の多彩な趣味を充足させる役割をはたしています。画風は師の文晁によく似ており、型にとらわれない多彩な画風をみせます。遺作として、槻御殿の襖絵などがあります。

能舞台で狂言を演じた
茂山《しげやま》千《せん》五《ご》郎《ろう》 文化7年（1810）～明治19年（1886）

諱は正虎。大蔵流狂言師・茂山家の9代目を継ぎ、天保13年（1842）、彦根藩お抱えの狂言師となります。のちに千作と改称します。「千五郎」の名は、今に至るまで、歴代当主に受け継がれています。

能舞台

現在でも、博物館能舞台で開催される夏の夕涼み狂言は、茂山一門によるものです。

幕末を代表する京都の絵師
狩野《かのう》永《えい》岳《がく》 寛政2年（1790）～慶応3年（1867）

京都に生まれ、禁裏御用をつとめる京狩野家の9代目当主となります。桃山時代以来の伝統的な画風を継承する一方、四条派・南宋《なんそう》派・北宋《ほくそう》派・復古大和絵などありとあらゆる画風を吸収・駆使した実力者で、安政2年（1855）の禁裏造営では多くの障壁画を描いています。彦根藩井伊家・紀州徳川家の御用絵師となり、藩主・藩士の求めに応じたほか、寺院や裕福な商人の需要にも応え、多くの作品を残しています。彦根に関係する作品としては、清凉寺（古沢町）の井伊直弼画像が有名。

井伊直弼の側近として活動

長《なが》野《の》義言《よしとき》　文化12年（１８１５）〜文久2年（１８６２）

通称は主膳。出生地は伊勢説・熊本説など諸説あり、前半生はよくわかりません。国学者で、坂田郡志賀谷（米原市）で私塾（桃《もも》廼《の》舎《や》）を開き、井伊直弼も門弟となっています。その後、直弼が藩主になると、嘉永6年（１８５３）に藩士に召し出され、翌年に系譜編纂御用懸りとなり、徐々に直弼の側近として活動するようになります。京都に人脈があったため、対朝廷工作で活躍しました。直弼の没後、文久2年（１８６２）の政変により捕らえられ、四十九町（現在の城町一丁目）の牢屋で処刑されました。

牢屋跡の義言地蔵

幕末期彦根藩の指導者

岡本《おかもと》黄石《こうせき》　文化8年（１８１１）〜明治31年（１８９８）

諱は宣迪、通称は半介。宇津木家に生まれ、岡本家の養子となります。梁川星巌・頼山陽に学び、詩書に優れた才能をみせます。嘉永5年（１８５２）に家老に就任しますが、尊王攘夷を主張したため直弼時代には登用されず、文久2年（１８６２）の政変により藩政の中心へ復帰します。谷鉄臣（渋谷騮太郎）・外村省吾（半雲）らを登用し、幕末期の彦根藩を主導しました。明治維新後、政治から引退し、東京で漢詩人として暮らしました。

町人から藩政のトップに抜擢された

谷《たに》　鉄臣《てつおみ》　文政5年（１８２２）〜明治38年（１９０５）

町医者の渋谷周平の子として生まれ、名は騮太郎。漢学・詩文にも長じ、長州や長崎で蘭医学を学び、彦根で初めて種痘を行うなど、医者として活動していましたが、岡本黄石に見いだされて登用されます。文久3年（1863）には藩士となり、主に対外交渉を担当したが、そのきっかけは、黄石への面会を求めてきた伊藤博文らとの交渉をしたためといわれています。慶応4年（1868）には「参政役」となり、事実上、彦根藩の最高指導者となりました。廃藩後は大蔵省に出仕し、左院一等議官をつとめています。井伊神社前に建てられた外村半雲（幕末期の藩士・学者）を顕彰する石碑は、鉄臣の撰文です。

京都で絵師として名を成した
岸《きし》　竹堂《ちくどう》　文政9年（1826）～明治30年（1897）

彦根藩足軽の寺居家に生まれ、幼くして中島安泰に絵を学び、京都に出て狩野永岳・岸連山《れんざん》に師事し、見込まれて連山の婿養子となり岸派を継ぎました。竹堂は写生を重視し、洋画の技法も取り入れ、京都府画学校（現在の京都市立芸術大学）教授となるなど京都の画壇にも大きな影響を与えました。得意な画題は虎で、明治29年（1896）には帝室技芸員にも選ばれています。

彦根の歴史を研究した
中村不能斎《なかむらふのうさい》　天保5年（1834）～明治39年（1906）

名は勝知。彦根藩士（250石）の家に生まれ、幼くして家督を継ぎます。藩校の素読方をはじめ奉行・代官などを歴任し、明治維新後には歴史・国学の研究を進めました。彦根藩・井伊家の歴史について研究し、『井伊家譜』『井伊直政・直孝』など多くの著作を残しています。また、散逸しかけていた史料を収集したことも特筆されます。

日本を代表する書家
日下部鳴鶴《くさかべめいかく》　天保9年（1838）～大正11年（1922）

名は三郎右衛門、後に東作。彦根藩士日下部家（550石）の婿養子でしたが、養父が桜田門外の変で供頭をつとめて死亡したため家督を継ぎます。維新後、太政官の大書記官になるが、信任を受けていた大久保利通が暗殺されたのを機に官を辞し、書道に専念しました。明治13年（1880）より、来日した清国の楊守敬のもとに通って六朝時代の書法を学び、広い見聞・学識を身につけ、それらに基づいた多くの作品を各地に残しています。これらの業績により、大正6年（1917）には帝室技芸員となりました。明治三筆の一人に数えられ、近代書道の父とも評されています。

豪快な性格で大臣まで出世

大東義徹《おおひがしよしあきら》 天保13年（1842）～明治38年（1905）

彦根藩足軽の小西家の次男に生まれましたが、小よりも大、日の沈む西よりも日が昇る東がいいとして「大東」に改姓。維新後しばらくは司法省につとめ、裁判所長にまで至りますが、征韓論が論じられたころに辞して彦根に戻り、国会が開設されると衆議院議員に選出されました。大隈重信とともに進歩党・憲政党などに属し、明治31年（1898）に結成された大隈内閣では司法大臣に抜擢されます。また明治29年（1896）の近江鉄道創設に際しては、初代の社長となっています。西南の役の際には西郷隆盛を支持した経歴があり、豪快な性格で風貌にも似たところがあったことから「近江西郷」と呼ばれました。天寧寺（里根町）に顕彰碑が建っています。

大東義徹顕彰碑

時代祭・大阪港・近江鉄道をつくる

西村捨三《にしむらすてぞう》 天保14年（1843）～明治41年（1908）

藩士（180石）の三男として生まれ、江戸に遊学し、文久2年（1862）の政変後は京都周旋方に任命されます。維新後は新政府の官吏となり沖縄県令・内務省土木局長・大阪府知事などをへて農商務省次官をつとめます。明治26年（1893）に退官し、北海道炭鉱鉄道会社社長をつとめるかたわら、明治28年に京都で開かれる予定であった平安遷都千百年紀念祭の募金を呼びかけるために全国に遊説し、時代祭開催を提言するなどの活躍をし、明治29年（1896）の近江鉄道創設でも中心的な働きをしています。明治30年（1897）には大阪湾築港事務所長として招かれ、大阪港の築造に尽力。明治35年（1902）に病に倒れ、ほどなく職を辞し、彦根で亡くなりました。記念碑・顕彰碑の建立を好み、大阪天保山《てんぽうざん》に銅像があります。

日本生命を設立した
弘世助三郎《ひろせすけさぶろう》　天保14年（1843）～大正2年（1913）

彦根川原町の川添家の次男に生まれ、叔父で紙商（近江屋）をいとなんでいた弘世助市の養子となります。明治3年（1870）には彦根融通会社の社人となり、第百三十三国立銀行の設立に関わり、明治19年（1886）には滋賀県会議員となりました。京阪神の政財界有力者と交友があり、明治20年代前半には関西鉄道（草津～三雲～四日市）・大阪鉄道（大阪～桜井）の設立にもかかわっていますが、明治22年（1889）7月に、片岡直温らとともに日本生命保険会社（現在の日本生命保険相互会社）を設立したことで特に有名。その後、活動の拠点を大阪・神戸に移し、大阪財界の重鎮となりました。

洋学校を開設した外交官
鈴木貫一《すずきかんいち》　天保14年（1843）～大正3年（1914）

彦根藩士鈴木家（300石）の養子となり、慶応2年（1867）からアメリカへ留学し、明治元年に帰国しています。明治4年（1871）、彦根の自宅（立花町）に洋学校を開設しますが、翌年、高崎正風にフランス随行を命じられ、公使館員として渡仏。代理公使までつとめますが、故あって辞任しました。明治31年（1898）に彦根に戻り、子弟への教育に専念しました。後に大阪へ移住し、京都で亡くなっています。

専修大学の創設者となった弁護士
相馬永胤《そうまながたね》　嘉永3年（1850）～大正13年（1924）

彦根藩士（130石）の子孫で、明治8～12年（1875～79）にアメリカへ留学し、主に法律を学びます。帰国後、明治13年（1880）には日本最初の代言人（現在の弁護士）となり、衆議院議員にも当選。そのかたわらで専修学校を設立し、後進の育成をはかりました。同校は、大正2年（1913）に専修大学となり、永胤はその初代学長となりました。財界にも足跡を残しており、横浜正金銀行頭取などもつとめています。

盲学校設立を実現させた

山本清一郎《やまもとせいいちろう》　明治14年（1881）～昭和36年（1961）

甲賀郡寺庄村（甲賀市）に生まれ、10代に網膜剥離で視力を失ったため、京都盲唖院で学びました。その時、滋賀県下での盲学校設置をすすめられ、明治41年（1908）に紹介を頼って来彦し、盲学校設立を鯰江町長らに訴え、外馬場町（現在の京町二丁目）に私立訓盲院を設立することができました。学校経費は寄附によってまかなわれ、四番町・本町・下藪下町と移転しますが、昭和2年（1927）には県立施設となり、昭和9年（1934）に尾末町（現在の市立図書館の場所）へ移転します。昭和12年（1937）にはヘレン・ケラーを招聘するなど、生涯を盲教育・障害者福祉に捧げました。

外馬場の訓盲院石碑

マラリア撲滅を目指した市長

小林《こばやし》　郁《かおる》　明治21年（1888）～昭和49年（1974）

京都大学医学部を卒業し、江戸町（現在の京町二丁目）で内科医を開業していました。大正10年（1921）に彦根町議となったのを皮切りに、町議2期、市議2期、県議3期をへて、昭和22年（1947）に第6代彦根市長となり、昭和28年（1953）までつとめました。この間、昭和24年（1949）にマラリア対策5ヶ年計画を作成し、衛生課の創設、マラリア研究所の設置、外濠跡の埋め立てなどを実行しました。これらにより患者数は劇的に減少し、大きな効果をもたらしました。市長を退いた後には、衆議院議員にもなっています。

『花の生涯』を著した作家

舟橋聖一《ふなはしせいいち》　明治37年（１９０４）～昭和51（１９７６）

彦根藩士の家系に生まれた国文学者・小説家。学生時代より作品を発表する一方、古典文学の研究をすすめ、昭和13年（１９３８）には明治大学教授となりました。小説家としても、「木石」（昭和13年）・「雪夫人絵図」（昭和24年）・「新・忠臣蔵」（昭和32～36年）など、人間性にあふれる作品を発表しています。特に昭和27～28年（１９５２～５３）に毎日新聞に連載された『花の生涯』は、それまで一般には「逆賊」とされていた井伊直弼の生涯を描いた作品として人気を博し、すぐに松本幸四郎（８代目）主演による映画化がなされ、昭和38年（１９６３）にはＮＨＫ大河ドラマの第１回作品にも選ばれました（主演は尾上松緑）。昭和39年（１９６４）には彦根市名誉市民（第１号）となり、昭和50年（１９７５）には文化功労者に選ばれています。相撲愛好家で、横綱審議委員もつとめています。

昭和を代表する歌人の一人

木俣《きまた》　修《おさむ》　明治39年（１９０６）～昭和58年（１９８３）

本名は修二。彦根藩士の一族として愛知川（愛荘町）で生まれ、東京高等師範学校を卒業し、教員となります。北原白秋に師事して和歌を学び、『多摩』・『短歌主潮』などに作品を発表しています。白秋の後継者と目され、宮中歌会始の選者を長くつとめたほか、昭和女子大学教授となって近代短歌の研究にもつとめました。昭和28年（１９５３）より形成社を主宰して『形成』を創刊し、『高志』などの詩集があります。市立図書館前に歌碑が建っています。

木俣修歌碑

消えゆく町並みを描いて記録した

上田《うえだ》道三《みちぞう》　明治41年（１９０８）～昭和59年（１９８４）

彦根に生まれ、京都市立絵画専門学校研究科（現在の京都市立芸術大学）を卒業。風景画を得意とし、京都に住みながら文展などで活動しましたが、昭和21年（１９４６）に彦根に帰住。昭和30年（１９５５）に「彦根城原形全景図」を描きますが、その後も姿を変えていく町並みを記録するように、城下町の古い民家や残された武家屋敷を多数描いていきます。彦根市文化財委員もつとめました。また彦根市功労者として表彰され、滋賀県文化功労賞を受けました。

第5章 史跡・文化財

中堀より内側

内曲輪《うちぐるわ》

彦根城の中堀より内側は、昭和31年（１９５６）に国の特別史跡に指定されています。その面積は、同じく指定されている埋木舎も含めて、約48haあります。

玄宮《げんきゅう》楽々園《らくらくえん》（槻御殿《けやきごてん》）

国の名勝に指定されている大名庭園です。

4代藩主井伊直興は、延宝5年（１６７７）から下屋敷の造営を開始し、2年後に完成させました（槻御殿）。

槻御殿は、黒門の外に位置したことから、「黒門外御屋敷」とも呼ばれていました。8代藩主直定の隠居屋敷であったり、10代藩主直幸の息子たちがまとまって住むなど、時期によって用途は変わり、建物も改造が繰り返されました。11代藩主直中も、文化9年（１８１２）に隠居すると槻御殿を改築して、ここで隠居後の生活を楽しみました。このころ、槻御殿は最大の規模となり、建物の総面積は表御殿の約2倍もありました。井伊直弼が生まれたのも槻御殿の中でした。現在の呼称「楽々園」は、12代藩主直亮の時代に建てられた「楽々の間」に由来します。

「玄宮園」の名は、唐の玄宗皇帝の離宮にならって命名されたといわれています。大きな池に中島を築き、巨岩や木橋を配した池泉回遊式庭園です。見どころとしては「玄宮園十勝」が絵図に示されていますが、中国の瀟湘《しょうしょう》八景あるいは近江八景を模したともいわれ、代表的な大名庭園の一つに数えられています。【図Ⅰ―A】

井伊直弼銅像

金亀《こんき》児童公園内に、幕末の大老井伊直弼の銅像が建っています。その姿は、公家風の正装である衣冠です。この直弼像は、その業績を顕彰しようとした旧彦根藩士らによって明治時代に計画され、彦根と横浜（横浜市西区の掃部山《かもんやま》）に建てられました。彦根では当初は尾末公園（護国神社付近）に建てられていました。その後、公会堂前（金亀児童公園付近）へ移築され、戦時中に銅供出のために取り壊されました。昭和24年（1949）、現在の護国神社境内に再建され、昭和33年（1958）に現在地へ移されました。

また直弼像の傍には、遠城謙道《おんじょうけんどう》をたたえる石碑が建っています。謙道は旧彦根藩士で、直弼没後、その処遇に憤慨して武士の身分を捨て、生涯直弼の墓守をして暮らした人物です。【図Ⅰ―B】

花の生涯記念碑

金亀児童公園内にあり、NHK大河ドラマ放映を記念して建てられたものです。舟橋聖一による「花の生涯」は、昭和38年（1963）に大河ドラマ第1作として放映され、尾上松緑が直弼を演じました。【図Ⅰ―C】

佐和口多聞櫓《さわぐちたもんやぐら》

重要文化財。佐和口は、いろは松より城内へ入っていく際の入口で、そこを守衛する櫓。彦根城で堀沿いに残る唯一の櫓です。

現在のものは、明和4年（1767）に櫓内より出火した火災で焼失し、同8年に再建された建物です。この時の再建には、予算として4万両が計上されています。

なお昭和35年（1960）、東半分が復元され、以降は開国記念館・市民ギャラリーなどとして使用されました。【図Ⅰ―D】

馬屋

重要文化財。表門橋の前に建っています。藩主用の馬がここに繋がれ、馬役が馬を調教・飼育するとともに馬屋を管理していました。全国の城郭のうち、城内に馬屋が現存するのは彦根城だけです。【図Ⅰ―E】

琵琶湖八景「月明彦根の古城」石碑

表門橋のたもとに建てられている石碑。琵琶湖八景は、昭和25年（1950）の琵琶湖国定公園指定の際に制定されたもので、その一つに選ばれています。【図Ⅰ―F】

旧脇家長屋門

家老をつとめた脇五右衛門家の屋敷のうち、長屋門の一部が残っています。長屋門は、屋敷への入口と家臣の住居を兼ねたものです。【図Ⅰ―G】

旧西郷屋敷長屋門（市指定文化財）

家老の西郷藤左衛門家の屋敷跡に建つ長屋門です。解体修理の結果、西隣の庵原家（家老）にあった門を移築したものであることがわかりました。

もともとは寛保2年（1742）に庵原邸の長屋門として建てられ、道路側から見て右側は馬8頭を収容する厩、左側は家臣の詰所でした。市内に残る藩士邸の長屋門の中で最大で、幅は約43ｍ、南北の袖壁を含めると約66ｍあります。

明治5年（1872）に犬上県庁がここに置かれると、長屋門は改造され、厩は事務室に転用されました。その後、彦根区裁判所となり、明治16年（1883）の施設整備の一環として現在地に曳屋にて移築したのでした。

大津地方裁判所彦根支部の敷地内で、現在も活用されています。【図Ⅰ―H】

藩校跡

現在の彦根市立西中学校の一角。江戸時代中期には、全国各藩で藩校設立の動きがあり、11代藩主直中は、覚勝寺の僧海量に各地の藩校を視察させて、藩校設立の準備を進め、寛政11年（1799）、藩士子弟が勉学や武術を学ぶ藩校「稽古館」が創設されました。その後、天保元年（1830）に、12代藩主直亮は校名を「弘道館」と変えています。井伊直弼が13代藩主に就くと、開校の精神に基づき、文武を興隆させるようにと通達を出しており、藩校教育に熱心だったことがわかります。

建物のうち、講堂は金亀会館（中央町）として現存しています。【図Ⅰ―I】

オオトックリイチゴ

バラ科キイチゴ属の一種で、彦根城にしか自生しない固有種です。明治27年（1894）に牧野富太郎が表御殿跡（彦根城博物館の地）で発見し、平成19年（2007）に市の天然記念物に指定されました。

中国原産のトックリイチゴと在来種のナワシロイチゴとが自然交配したと考えられており、6月に開花して7月に淡紅色の実をつけます。もともと自生していたのは表御殿跡だけでしたが、天秤櫓《てんびんやぐら》前にも株分けされています。【図I—J】

二季咲桜

1年に2回咲く桜。昭和43年（1968）に親善都市の関係を結んだ水戸市から、昭和47年（1972）に寄贈されたものです。【図I—K】

コクチョウ（黒鳥）

中堀にいるコクチョウは、親善都市の水戸市から贈られたものです。

オニバス

中堀に自生しているスイレン科の植物。絶滅危惧種に指定されています。ハスに似ていますが、鋭いトゲが全体にあることから「鬼」の名が冠されています。葉が大きく、夏に赤紫色の花が水中から姿を見せます。

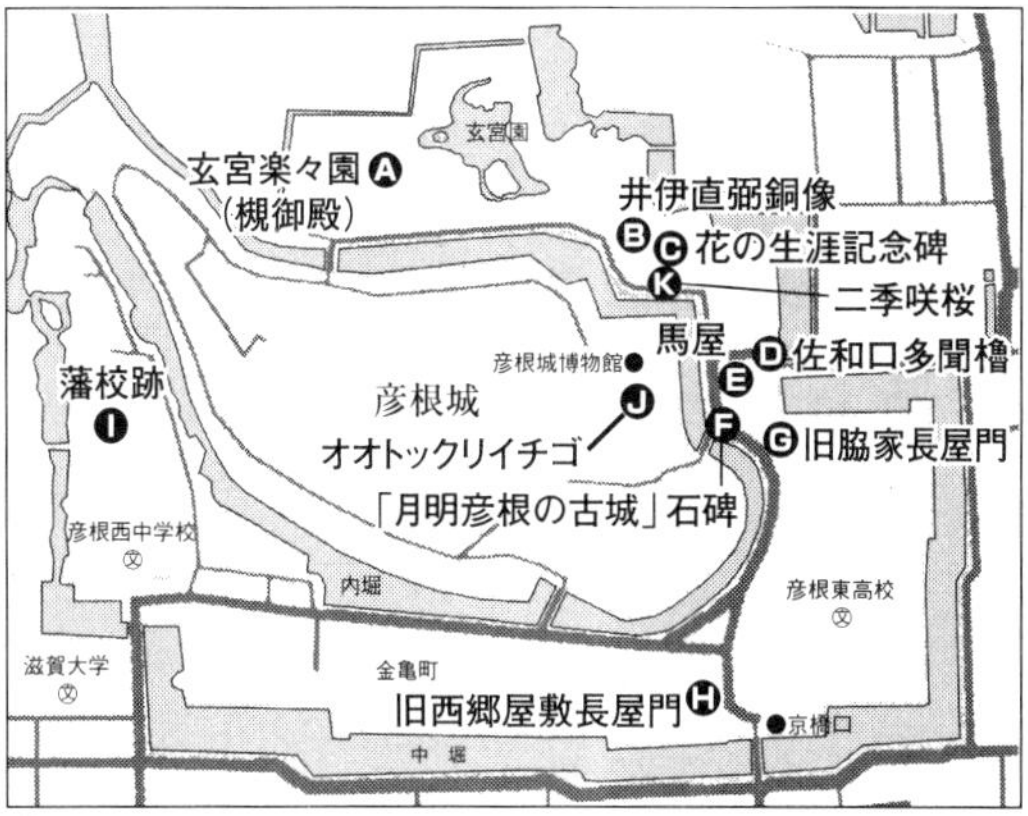

図I

彦根城博物館の所蔵品

彦根屏風

国宝。彦根藩主井伊家に伝来したことから〝彦根屏風〟と呼ばれます。江戸時代初期に、狩野派の絵師により描かれたと推定され、江戸時代初期の風俗図の最高傑作として国宝に指定されています。寛永年間（1624～1644）の京都の遊里に題材をとるといわれ、当時の最先端の風俗が描かれています。(i)

彦根藩井伊家文書

重要文化財。2万7800点。江戸時代の譜代大名家の歴史、江戸幕府の政治のしくみを探るうえでの重要な古文書がまとまって残っています。特に直弼を中心とした幕末期の史料は、彦根藩政にとどまらず幕府史料としても第一級のものと高く評価されています。(ii)

大名道具

赤備えの甲冑《かっちゅう》

武門の象徴である武具。なかでも、藩主みずからが身につける甲冑は、歴代藩主のほぼすべてのものが伝来しています。彦根市指定文化財。(iii)

弥千代の雛《ひな》道具

井伊直弼の二女・弥千代の雛道具85件が伝わっており、毎年ひな祭りの時期に公開しています。

弥千代は高松松平家の松平頼聰に嫁ぎ、婚礼調度とともにこの雛道具を持参しましたが、直弼が桜田門外の変の後に処罰を受けると、その類が婚家に及ぶのを避けるために文久3年（1863）に離縁して彦根に戻っています。雛道具が彦根に伝わるのはこの時持ち帰ったためです。(iv)

ⅰ）風俗図（彦根屏風　国宝）（彦根城博物館蔵）

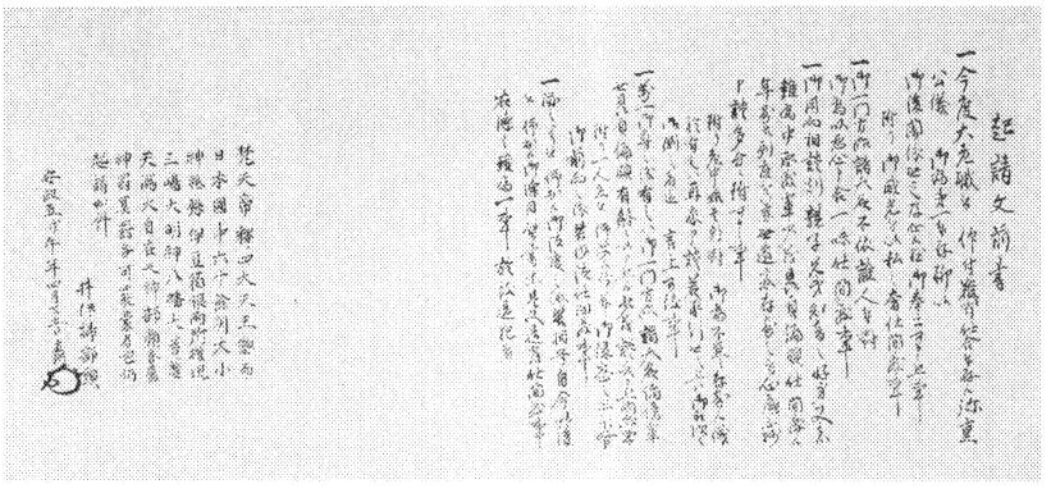

ⅱ）井伊直弼大老就任誓詞（彦根藩井伊家文書のうち）（彦根城博物館蔵）

ⅳ）弥千代の雛道具（彦根城博物館蔵）

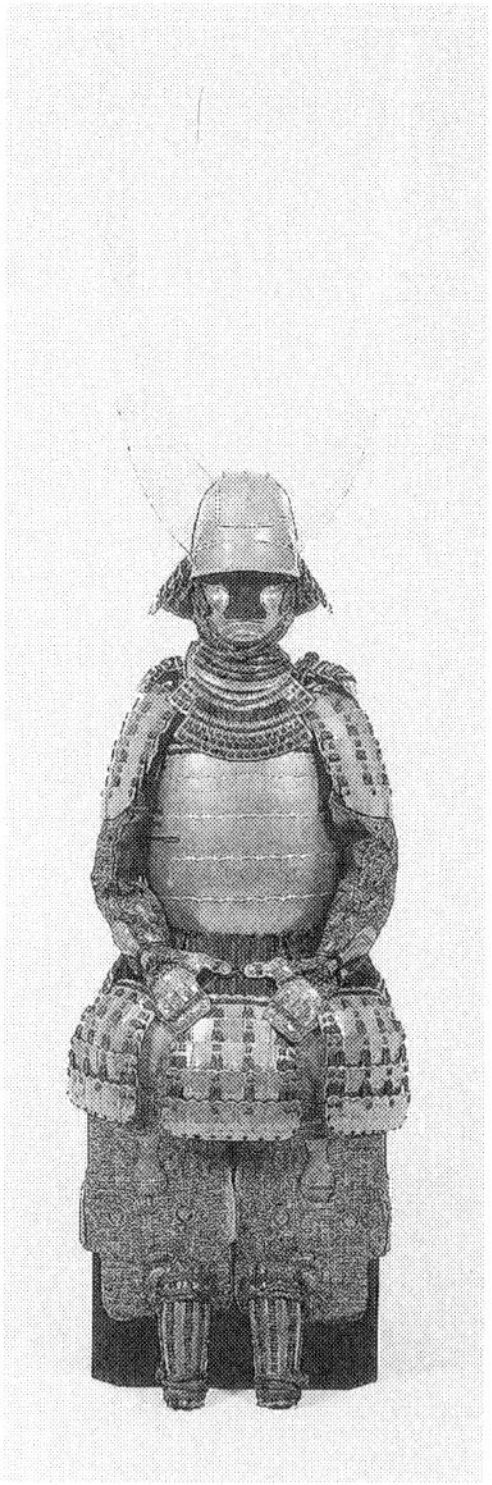

ⅲ）赤備えの甲冑　井伊直政所用（彦根城博物館蔵）

佐和口より佐和山方面

埋木舎《うもれぎのや》

井伊直弼が、17歳から32歳までを過ごした屋敷。中級藩士の屋敷程度の広さです。従来から藩主の子弟が住む屋敷として利用され、「北の御屋敷」などと呼ばれていましたが、直弼は「埋木舎」と命名しました。これには、政治・権力から離れたこの屋敷に埋もれて、学問や茶の湯の世界に打ち込もうという意志が込められています。屋敷の前には、直弼が好んだ柳の木が植えられています。【図Ⅱ―A】

いろは松

江戸時代からここには松が植えられていました。「いろは松」という通称は、47本の松が植えられていたことによります。毎年立冬を迎えると菰《こも》を巻き、3月には周辺の酒造業者の協力によって、酒粕を含んだ洗い水を養分として与えています。【図Ⅱ―B】

外堀跡

観光協会脇から市民会館前にかけて、道に沿って一段低い長方形の場所がありますが、これは外堀の遺構です。駅前方向から護国神社へ入るには、外堀跡に架かる常盤橋《ときわ》を渡ります。【図Ⅱ―C】

石川千代松博士銅像

石川千代松（1861～1935）は東京大学出身の動物学者。琵琶湖に生息する小鮎を他の河川に放流すると、普通の鮎に成長することを実証し、明治42年（1989）に発表しました。その後、琵琶湖の小鮎が全国の河川に放流されるようになりました。銅像は、鮎苗《あゆなえ》協同組合があった場所に昭和49年（1974）に建立されたものです。【図Ⅱ―D】

千代神社灯籠

千代神社（京町二丁目）は、もともと古沢町にありました。そのころの参道の灯籠が残っています。【図Ⅱ—E】

絹屋

湖東焼をはじめた古着商・絹屋半兵衛の屋敷。切り通し道沿いにあり、現在も江戸時代そのままの建物が残っています。【図Ⅱ—F】

中村商家保存館

江戸時代には酒屋としてこの地の有力町人であった商家。彦根城下町の町屋の典型である母屋のほか、文庫蔵と酒蔵があります。国の登録文化財。【図Ⅱ—G】

湖東焼窯場《かまば》跡

佐和山の麓、餅木谷《もちのきだに》に湖東焼の窯場がありました。天保元年（1830）当初の窯場であった晒山から移転し、ここで最盛期を迎えています。県指定史跡。【図Ⅱ—H】

図Ⅱ

京橋口より七曲がり

俳遊館

俳句のテーマ館。大正13年（1924）建築の彦根信用組合の建物を利用しています。【図Ⅲ―A】

高札場跡

伝馬町の中央、蓮華寺へ向かう角に、幕府の法令を掲げる高札場がありました。伝馬町は城下町で宿場の機能を持っていたため、宿場と同様、高札が掲げられ、隣の宿場との公設駄賃が表示されたのです。【図Ⅲ―B】

金亀《こんき》会館（藩校講堂）

藩校弘道館唯一の遺構として、講堂が現存しています。明治以後、浄土真宗本願寺派によって設立された金亀教校で藩校の建物が使用されました。大正12年（1923）に現在地に移築されています。【図Ⅲ―C】

高宮口門跡

川原町から外堀を渡ったところに築かれた門。高宮口の橋は土橋であったため、橋の周辺は土橋町と呼ばれていました。中山道の高宮方面から城下に入るルートにあたるのが名称の由来です。【図Ⅲ―D】

土塁《どるい》跡

この一帯は、築城前から犀《さい》が淵《ふち》と呼ばれ、良質の湧水がありました。築城工事によって、ここに外堀が築かれましたが、今も土塁の跡が残っています。【図Ⅲ―E】

善利組《せりぐみ》足軽組屋敷

足軽屋敷のうち最大のもので、江戸時代には約700戸もありました。この一帯は今も比較的当時の町割が残っており、「どんつき」「くいちがい」など、防御を目的とした道筋が見られます。細い道を挟んだ両側に、4室程度の「庭付き1戸建て」が建ち並んでいました。

その他の足軽屋敷として、大雲寺付近の大雲寺組、切り通し方面の切通上組・下組、中組、中藪《やぶ》組など、城下町の外周を囲むように配置されていました。【図Ⅲ—F】

久左《きゅうざ》の辻

この角に近藤久左衛門という豪商が住んでいたため、この名がついたといわれています。【図Ⅲ—G】

袋町

小説『花の生涯』の書き出しのシーンとしても有名な歓楽街ですが、花街として栄えたのは明治初年から戦後の売春防止法制定（昭和31年）までのことです。今も彦根の歓楽街として賑わいを見せています。【図Ⅲ—H】

寺子屋力石

寛政8年（1796）、城下町の寺子屋12ヶ所が「手跡指南所」と藩から認定され、藩の教育方針にのっとった庶民教育が行われました。のちに9ヶ所となりますが、その一つに力石がありました。庶民の子弟へ、読み書きのほか孝行や行儀作法の指導もなされていました。【図Ⅲ—I】

七曲がり

近江鉄道彦根口駅付近から彦根へ入る道は何度も折れ曲がっていることから、七曲がりと呼ばれ、職人たちが居住していました。今も、仏壇製作にたずさわる諸職人が集住しています。【図Ⅲ—J】

朝鮮人街道

野洲の行畑で琵琶湖側に分岐し、八幡町、安土を通って彦根に入る道で、中山道の脇街道です。朝鮮通信使が通ったことからその名が付けられました。

安土城を築いた織田信長が整備した「下街道」をもとにしています。徳川家康が関ヶ原合戦後に上洛した「吉祥」の道でもあり、将軍上洛の際にも使われていました。【図Ⅲ—K】

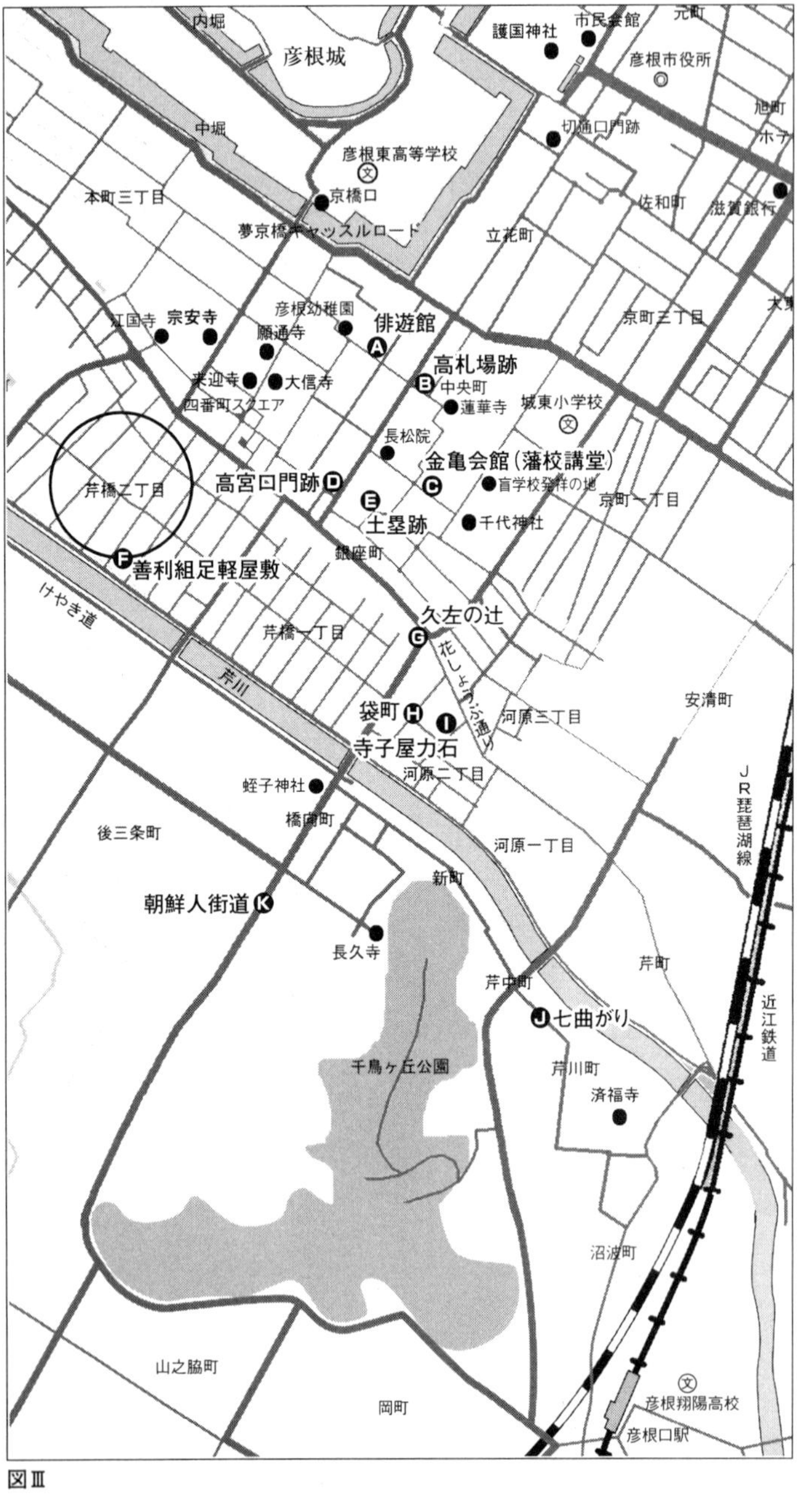

図Ⅲ

京橋口より松原

義言《よしとき》地蔵

この地には藩の牢屋があり、井伊直弼《なおすけ》側近だった長野義言がここで処刑されたことから、長野の門人・中村長平によって地蔵尊が祀られました。【図Ⅳ—A】

巡礼街道

彦根山に建っていた寺院への参詣者が通った街道。【図Ⅳ—B】

ケヤキ並木

築城工事の際に付け替えられた芹川の両岸には、護岸のためケヤキが植えられました。【図Ⅳ—C】

松原橋

江戸時代には松原口御門があった所で、昭和2年（1927）、旧港湾が築かれると同時に回転橋が架けられました。船が航行するたびに人力で回転させ、大型の遊覧船が通行できるようにしていました。昭和44年（1969）、新港湾が完成して大型船が旧港湾を出入りすることがなくなり、老朽化したこともあり回転橋は廃止されました。【図Ⅳ—D】

松原下屋敷（お浜御殿）

江戸時代後期、藩主の別荘にあたる下屋敷が建てられ、一時期、藩主の子息なども住んでいました。明治以降、井伊家の家政機関「千松館」が置かれ、お浜御殿とも呼ばれました。庭園が国の名勝に指定されています。【図Ⅳ—E】

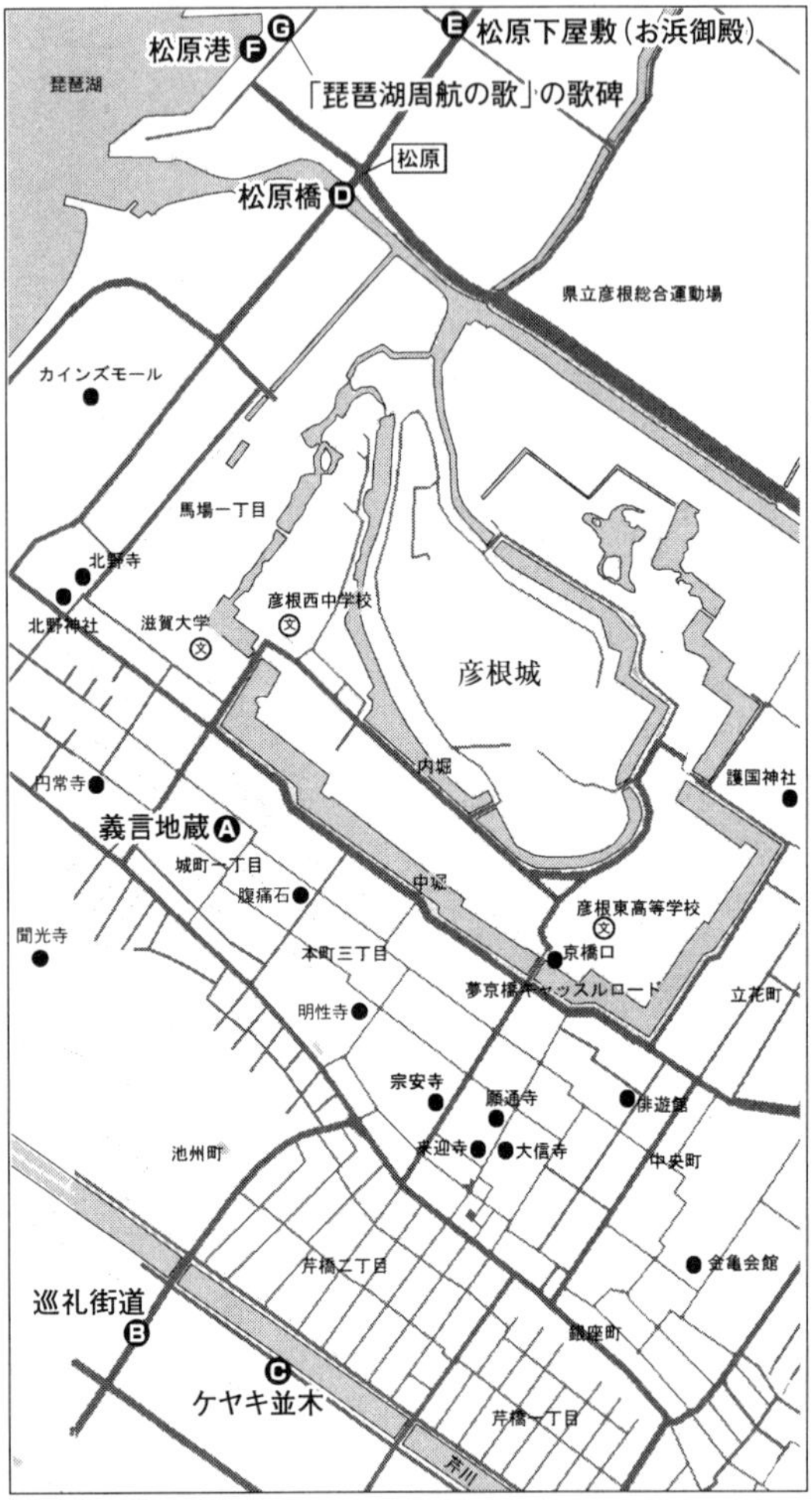

図Ⅳ

松原港

彦根城下町の港。江戸時代には、藩御用の船を操る水主《かこ》が周辺に居住していました。今は、多景島や竹生島への遊覧船が運航されています。【図Ⅳ―F】

「琵琶湖周航の歌」の歌碑

平成17年（２００５）10月、松原の彦根港内に建てられました。歌は全6番ですが、石碑には5番の歌詞が刻まれています。

矢の根は深く埋もれて　夏草茂き堀のあと
古城にひとり佇めば　比良も伊吹も夢のごと

【図Ⅳ―G】

彦根の寺社

長寿院（大洞《おおほら》弁財天）

古沢町に所在。真言宗の寺院で、境内に弁財天を祀るため「大洞弁財天」の名で親しまれ、日本三大弁財天の一つに数えられています。元禄8年（１６９５）、井伊直興《なおおき》の発願により建立。この地は彦根城の鬼門にあたるため、城・城下の厄除けのために創建したといわれており、戦国以来の近江の城主や大坂の陣の戦没者もまつっています。創建費用として藩領内の藩士・町人・百姓ら約26万人より１銭ずつの奉加金を募りました。

建てられた堂宇は「彦根日光」とも呼ばれるとおり、欄間《らんま》に猫・象の彫刻があり、日光東照宮（栃木県）を想わせるような極彩色で、様式も権現造です。なお弁財天堂は重要文化財に指定されており、長寿院伽藍は県指定文化財。

山門より彦根城を望むと、扉が額縁のようになって真正面に見渡せます。【図Ⅴ―Ａ】

井伊神社

古沢町に所在。天保13年（１８４２）、井伊家の始祖である共保《ともやす》の７５０回忌にあたって、井伊直亮《なおあき》が、井伊谷八幡宮（静岡県浜松市）から分霊して創建した井伊八幡宮が前身で、明治時代に「井伊神社」となりました。昭和13年（１９３８）に近接していた佐和山神社・祖霊社を併合し、井伊直政・直孝をはじめとする井伊家の歴代藩主を併せまつることとなります。なお、佐和山神社の建物は、昭和35年（１９６０）に敦賀市の天満神社に移築されており、現存しています。

境内には井伊直憲《なおのり》埋髪塚・井伊直憲顕彰碑もあります。【図Ⅴ―Ｂ】

龍潭寺《りょうたんじ》

古沢町に所在。臨済宗。井伊家の出身地である井伊谷（静岡県浜松市）に同名の寺があり、彦根における井伊家先祖・一族の菩提寺として建てられました。井伊直孝の室や井伊直弼《なおすけ》の母も葬られています。

本堂は宝永5年（1708）のもので、本尊は釈迦牟尼仏。方丈には、森川許六《きょりく》の筆による襖絵56面（市指定文化財）を蔵し、その南庭は普陀落《ふだらく》の庭として知られています。書院東庭は市指定名勝。【図V―C】

清涼寺《せいりょうじ》

古沢町に所在。曹洞宗。石田三成の家臣であった嶋左近《しまさこん》の屋敷跡に創建されたと伝えます。井伊家の菩提寺であり、井伊直政をはじめとする歴代藩主をまつっています。詩文にすぐれた堅光、井伊直弼の師となった仙英などの名僧がいました。【図V―D】

仙琳寺《せんりんじ》

古沢町に所在。天台宗。井伊直興の子・本空は寺院建立を決意していましたが、病により果たせないまま京都で遷化し、弟子の義空が遺志を継ぎますが、大火によって資金を失ってしまいます。義空は彦根に戻り、托鉢をして寺院建立を目指しますが、それを聞いた井伊直中が義空を庇護し、寛政4年（1792）に寺院を建立し、文化3年（1806）には諸堂が完成しました。また、境内にある恵明権現は、首から上の病に霊験があるといわれています。【図V―E】

天寧寺《てんねいじ》

里根町に所在。曹洞宗。井伊直中によって建立された寺院。京都の仏師である駒井朝運の作という五百羅漢があることで有名。少しずつ表情が異なるため、会いたい人の顔が必ず見つかるといわれています。山門脇にある井伊直弼供養塔は、桜田門外で落命した際の血染めの衣裳・土を納めて建立したものです。境内には長野主膳《しゅぜん》墓・村山たか女の碑・大《おお》東義徹《ひがしよしあきら》顕彰碑（日下部鳴鶴《くさかべめいかく》書）などもあります。

境内には萩が植えられており、「萩の寺」とも呼ばれています。【図V―F】

長純寺

佐和町に所在。曹洞宗。佐和山に移ってきた井伊直政が、僧源宝に命じて建立させたといい、直政の姉・高瀬姫の墓があります。【図V—G】

大師寺

佐和町に所在。真言宗。寝弘法があります。その頭内には京都・東寺から分けられた仏舎利が安置され、毎月21日と28日には護摩修行の祈祷がおこなわれています。【図V—H】

護国神社

戊辰戦争で戦死した人々をまつるために龍潭寺境内に招魂碑が建てられましたが、明治8年（1875）に尾末町（現在地）に移って招魂社となります。昭和14年（1939）に護国神社と改称、戦後の一時期、沙々那美《さざなみ》神社と称しますが、昭和28年（1953）再び護国神社と社名を戻しました。戊辰戦争以来の戦争での県内出身戦死者をまつっています。【図V—I】

蓮華寺

中央町に所在。日蓮宗。井伊直政が箕輪（群馬県）の城主であった時に、直政の祈願によって朝学院日義が開きました。その後、高崎（群馬県）をへて直政の移封にしたがって彦根へ移されました。当初の堂宇は火災で焼失したため、現存する本堂は、明和3年（1766）のものです。【図V—J】

長松院

中央町に所在。曹洞宗。慶長7年（1602）2月に井伊直政は佐和山城で死去し、芹川の中洲で荼毘に付され、そこに塚を築いたのが始まりといわれています。当初は直政の法名である祥寿院と称したが、後に改称しました。直政を供養する灰塚塔が建っています。【図V—K】

大信寺

本町一丁目に所在。浄土宗。井伊直孝の歯を祀《まつ》った廟があります。石垣は、彦根城と同じ牛蒡《ごぼう》積みで、築城で残った石を使ったと伝えられています。【図V—L】

千代神社

彦根城ができる前の古絵図によると、もとは彦根山麓の尾末山にあり、御旅所が芹川沿いにもあったということです。その後、寛永15年（1638）になって姫袋（古沢町南部）で本殿が新たに造営され、以後、彦根外町の鎮守として栄えました。昭和41年（1966）に現在の位置（京町二丁目）に移転しました。主祭神は芸能の神である天宇受売命《あめのうずめのみこと》と、猿田彦命《さるだひこのみこと》。本殿は重要文化財に指定されており、三間社流造りで屋根は桧皮葺《ひわだぶき》。【図Ⅴ—M】

宗安寺

本町二丁目に所在。浄土宗。井伊直政の正室・東梅院が、父母の菩提を弔うために建てた寺院。徳川家康の位牌堂もあります。

本尊は阿弥陀如来（鎌倉時代の作で、県指定文化財）で、これは大坂夏の陣で大坂城より持ち出したものといい、淀殿の念持仏とも伝えられています。元禄14年（1701）の火災で多くの建物を失いますが、その後、長浜城より御殿を移築して本堂にしたといいます。また山門の赤門は、佐和山城大手門を移築したと伝えます。

朝鮮通信使正使の宿泊所に使用されたことでも有名で、「伝李朝高官肖像画」を所蔵しています。東梅院の遺品と伝える「秋草図屏風」とともに市の指定文化財。

境内には大坂夏の陣で井伊家家臣が討ち取った敵将木村重成の首塚もあり、白露の庭は小堀遠州の作風です。【図Ⅴ—N】

江国寺

本町二丁目に所在。臨済宗。もとは天台宗の寺院として創建され、戦国時代に衰退していたものを、寛永13年（1636）に臨済宗の寺院として再興したといわれています。その由来については、次のような話が伝わっています。寛永6年（1629）に彦根藩士の大村新弥が讒言《ざんげん》にあって切腹したが、のちに事実無根であったことが判明したため、藩主井伊直孝が大村の菩提を弔わせるために、切腹した地に江国寺を建てたと伝えられています。【図Ⅴ—O】

北野寺

馬場一丁目に所在。真言宗。もとは彦根山に所在していたが、築城によって山上より現在地に移されたといわれています。その際、旧封地である安中《あんなか》(群馬県安中市)の北野寺の僧侶である慶算の進言により、長谷寺(奈良県桜井市)より小池坊秀算を招いて住持にすえ、寺名も「北野寺」に改めたということです。江戸時代には、たびたび彦根藩のために祈祷をおこなっています。本尊が聖観音であったため、門前筋は「観音堂筋」と呼ばれました。応永18年(1411)の作である役行者像を所蔵しています。【図V—P】

北野神社

馬場一丁目に所在。井伊直孝が幼時に学んだ上野《こうずけ》国安中より天満宮を勧請したものです。江戸時代は神仏習合により北野寺内にありましたが、明治の神仏分離により神社となりました。境内には白山神社・金比羅神社・彦根ゑびす神社もあります。【図V—Q】

円常寺

城町二丁目に所在。浄土宗。井伊直孝の生母である養賢院の菩提寺。鎌倉時代を代表する仏師である快慶作の阿弥陀如来立像があります。【図V—R】

蛭子《えびす》神社

橋向町に所在。銀座の商店街で11月下旬ごろに3〜5日行われる売り出し「ゑびす講」は蛭子神社の祭礼です。【図V—S】

済福寺

芹川町に所在。黄檗宗。本尊は「彦根大仏」と呼ばれている5・5mの大仏で、延命地蔵菩薩。本尊の体内には、井伊直中が夢のお告げによって寄進した胎内仏「安産地蔵尊」がまつられ、子宝・安産の寺としての信仰を集めています。【図V—T】

長久寺

後三条町に所在。真言宗。もとは天台宗の寺院でしたが、戦国期に滅亡したため、寛永6年(162

9）に再興されました。本堂（観音堂）はそのときに建立されたものですが、建築方法や様式には桃山時代の様風が認められ、前代の形式を残す江戸初期の仏堂として県指定文化財となっています。なお、「お菊の皿」が蔵されています。【図V―U】

彦根神社

後三条町に所在。もとは彦根山に祀られていましたが、築城にともなって廃され、井伊直惟《なおのぶ》が田中神社の地に「活津日古根命《いきつひこねのみこと》」を勧請し、社殿を新造したものです。「彦根」という地名は、この神の名を由来としています。【図V―V】

明照寺

平田町に所在。浄土真宗本願寺派。明徳4年（1393）に後谷（多賀町）で創建されましたが、延徳2年（1490）に山之脇村（彦根市）に移り、さらに慶長4年（1599）に現在地に移されました。戦国期には、湖東で大きな勢力を有していたといいます。14世住職の李由（月沢道人）は芭蕉門下の俳人であったため、元禄4年（1691）には松尾芭蕉の来訪をうけています。後に、芭蕉の追善俳諧に参列した李由は、形見の渋笠をもらい受け、境内に埋めて笠塚を築きました。庭園は市指定名勝となっています。【図V―W】

新神社

岡町に所在し、熊野（和歌山県）の新宮を勧請した神社。戦国時代にこの地に勢力を持っていた安養寺三郎左衛門が熊野三社を勧請したうちの一宮（新宮）で、当初は安清町にあったものを、彦根築城の頃に現在地へ移したものと伝えられています。【図V―X】

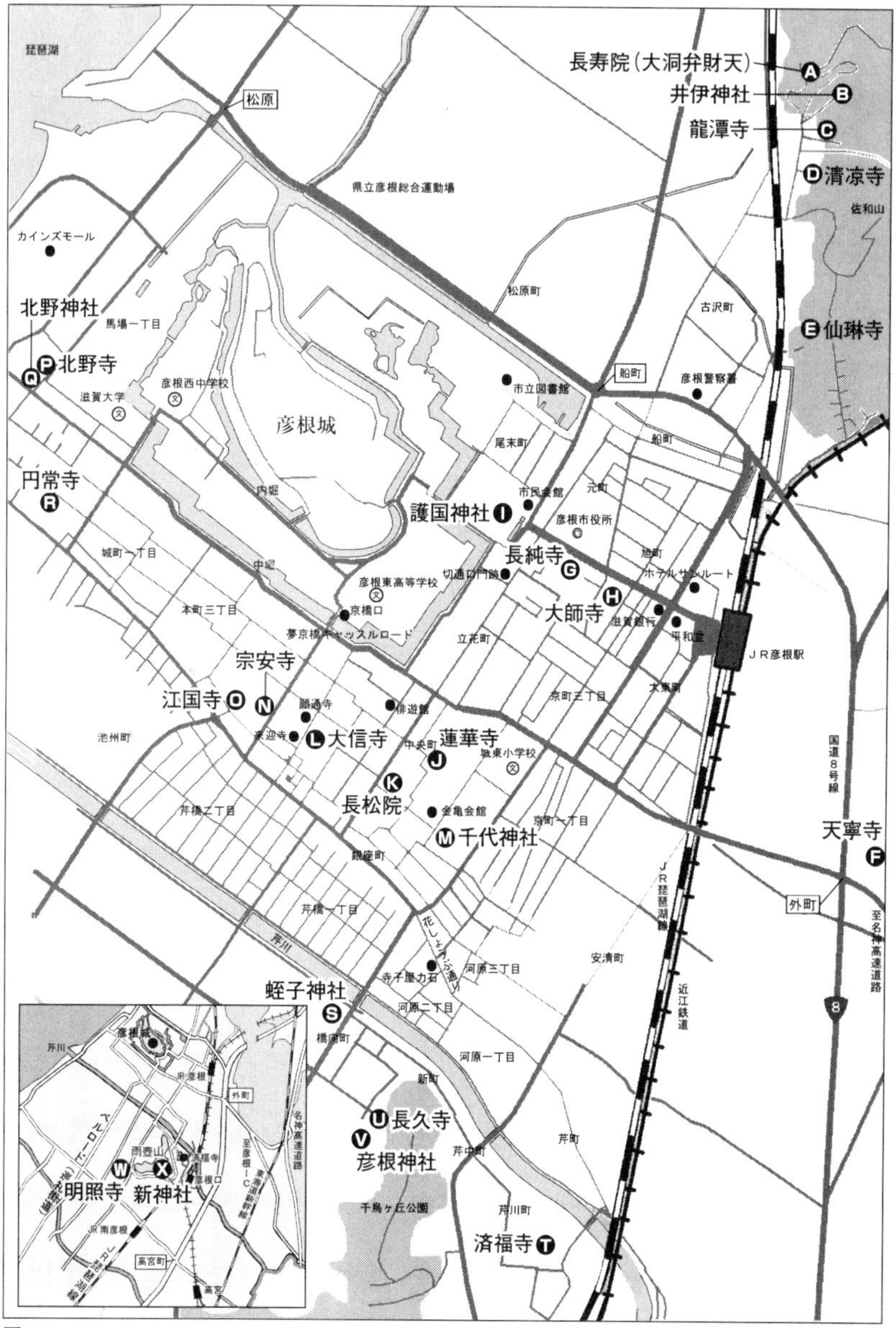
琵琶湖
松原
長寿院（大洞弁財天）
井伊神社
龍潭寺
清凉寺
佐和山
県立彦根総合運動場
カインズモール
北野神社
北野寺
馬場一丁目
彦根西中学校
滋賀大学
彦根城
松原町
古沢町
仙琳寺
船町
市立図書館
彦根警察署
尾末町
円常寺
内堀
護国神社
市民会館
元町
彦根市役所
城町一丁目
中堀
長純寺
切通口門跡
旭町
ホテルサンルート
彦根東高等学校
大師寺
本町三丁目
京橋口
滋賀銀行
平和堂
夢京橋キャッスルロード
立花町
JR彦根駅
宗安寺
京町三丁目
大東町
江国寺
願通寺
俳遊館
池州町
来迎寺
大信寺
中央町
蓮華寺
城東小学校
国道8号線
長松院
芹橋二丁目
金亀会館
京町一丁目
天寧寺
千代神社
銀座町
JR琵琶湖線
外町
芹橋一丁目
至名神高速道路
芹川
花しょうぶ通り
河原三丁目
安清町
寺子屋力石
蛭子神社
河原二丁目
近江鉄道
橋向町
河原一丁目
新町
長久寺
彦根神社
芹中町
芹町
千鳥ヶ丘公園
芹川町
済福寺
彦根城
芹川
JR彦根
外町
名神高速道路
雨壺山
済福寺
明照寺
新神社
至彦根IC
JR南彦根
高宮町
高宮

図V

第6章

彦根城下町のあきない

彦根駅前商栄会

彦根駅前商栄会界隈は、官庁街の装いを呈しています。明治22年（１８９０）にできた彦根駅舎の玄関口として旅人や商人が共存する宿場町的な色合いのまちでした。昭和54年（１９７９）には、駅前区画整理事業が完成し、駅舎の2階からは、国宝彦根城の四季折々の景色が一望できます。また、彦根の駅前らしくアーケードを建設し、最近では、防犯カメラの設置や放置自転車の一斉撤去などもおこなっています。

夏には、駅前商栄会・佐和町商店街・おいでやす商店街の3商店街により、ストリートフェスタを実施し、三輪車レースには、定着したファンが増えています。

佐和町商店街

昭和6年（１９３１）に東新町（現在のおいでやす商店街）と駅前通りを結ぶ道路として、駅前新道が開通しました。昭和20年（１９４５）、彦根駅に近く、商店が増えてきたことから駅前新道共栄会ができました。現在は、佐和町商店街として、老朽化したアーケードを撤去し、道路に面して26本の街路灯、25個のフラワーグリーンポットが施されています。

また、佐和町商店街、おいでやす商店街の間の道からは彦根城の天守閣を正面から見ることができ、特に暗くなってからはライトアップされた天守閣が宙に浮いているようで神秘さを感じさせます。

おいでやす商店街振興組合

昭和45年（１９７０）に当時の東新町商店街が発展的解散をしたことから、京町通り商店街と改変し、平成11年（１９９９）から「おいでやす商店街振興組合」に商店街組織の法人化をおこないました。

平成12年（２０００）には、商店街調査事業を実施し、街のコンセプトとふさわしいファサード整備計画を検討し、歩行者と車が共生する「魅力あるくつろぎのある街づくり」をコンセプトにしました。

平成14年（２００２）には、老朽化したアーケードを撤去し、ＴＭＯファサード整備事業によって、和風のイメージ『「あきんど」のまち　彦助通り』をキャッチフレーズに「なまこ壁」と平瓦貼りでファサードを統一しました。

京町商店街

鳥居本・原町の導入路として商店街ならびに京町商工会を組織していましたが、橋本町から駅前の都市計画道路拡張により、東銀座商店街の一翼をになっていました。その後、京町商店街を組織し、国道8号線・名神高速道路から市内への玄関口としての機能を果たしています。

平成17年（２００５）に30本の街路灯を新設し、明るい商店街をイメージしています。

登り町グリーン通り商店街振興組合

江戸時代、幟旗《のぼりばた》を持つ役割の藩士が住んでいたことから「のぼりまち」と名づけられたこの地域は、その後町名は「川原町甲」、「錦町」と変わりましたが、商店街名に昔ながらの名前を残し、平成11年（１９９９）に現在の「登り町グリーン通り商店街振興組合」としました。

そのコンセプトには、環境を考えたまちづくり、エコライフの創出、バリアフリーからユニバーサルデザイン、情報発信基地などを掲げています。

また、平成12年（２０００）には、老朽化したアーケードを撤去し、洋風デザインの明るい街並みにＴＭＯファサード整備事業を実施するほか、関連商店街と連携した道路整備事業により、共通の街路灯設置と歩車道のバリアフリー化が実現しました。

また、商店街の女性で構成する「グリーンレディース」による「店先カルチャー教室」は、色々な店のノウハウや情報を提供する事で参加者に人気です。

花しょうぶ通り商店街振興組合

明治から大正・昭和初期にかけて、川原町から土橋町へとつながる商店街がこの地域でもっとも栄えた地区でした。しかし、時代の変化に順応しづらくなり、平成9年（1997）には、滋賀県中小商業活性化事業「イメージアップ事業」に取り組み、滋賀県立大学生とともに、この町をどう感じるか、どうあるべきかを地元住民らと懇談しました。昔らしさを残した街づくり、一言で言うなら「ふるあたらしい町」と発言した女子大学生のコメントをコンセプトに事業展開を行っています。その初仕事は、大学生と商店主が、和菓子屋壁面に大壁画を描くことでした。また、名称も「花しょうぶ通り商店街振興組合」とし、平成10年度に設立をおこないました。全国の認定事業として、全国初のTMO計画事業により、古い町並みを生かしたファサード整備事業（店舗前面部統一化事業）などを実施してきました。

平成19年（2007）4月、「LLPひこね街の駅」を設立し、200年前の寺子屋をリフォームした街の駅寺子屋「力石《ちからいし》」は商人塾や研修の場として活用しています。また「ひこにゃん」に対抗し、西軍石田三成や家臣嶋左近を模した「いしだみつにゃん」や「しまさこにゃん」のキャラクターを生み出し、旧銭湯を改装した街の駅「戦國丸」では関連・戦国グッズの販売もしているため、戦国をテーマにした街として「戦国商店街宣言」を行いました。彦根市の花「花しょうぶ」の咲く6月には、市内の3大学の学生とともに開催する「アートフェスタ勝負市」や夏の「人力紙飛行機コンテスト」、毎月第2土曜日開催の「ナイトバザール」など多彩なイベントを企画実行しています。

彦根橋本町協同組合

彦根城築城とともにおこなわれた善利川（現在の芹川）の改修工事によって整備されたのが橋本商店街のある通りで、彦根で最も古い商店街といわれています。

昭和3年（1928）には、滋賀県下初のコンクリート舗装道路を採用、アーケードにも早期に着手し、「アーケードでつながる横のデパート」として売り出しました。

最近においては、約150年前の油屋さんだった建物を利用して、平成11年（1999）に「自然の布館　よりーな」（彦根の方言「ちょっと寄りーな」（寄って行きなさいの意））をオープンしました。

「よりーな」は、古い着物や廃材を再生し、裂き織り・パッチワーク・エコクロス・袋物などの展示販売や休憩のできる場を提供しています。また、イベントスペースとして演奏会やカルチャー教室、ギャラリーとしても活用しています。

平成18年（２００６）には、アーケードの再建設をおこない、高齢者にやさしい安全・安心のまちづくりをめざし、愛称を「リバーサイド橋本通り」としました。現在県立大学の学生と空き店舗対策事業により「いこう館」を運営しています。

彦根銀座街商業協同組合

江戸時代に創業した店舗が幾つも存続する土橋商店会と川原町下商店街が合併して昭和26年に彦根銀座街が誕生しました。当時は、市内に多くの紡績工場があり、ここの従業員の購買力が大きな比重を占めていました。

昭和８年（１９３３）、都会からの大資本の商業攻勢から彦根の商権を守ることを目的に、彦根の主たる商店主20人の資本参加で彦根中央土地開発公社が設立され、彦根町土橋に4階建ての白亜のマルビシ百貨店が完成しました。木造店舗がほとんどの彦根の町にモダンな商業施設が誕生したのです。マルビシ百貨店は、商業施設であるとともに文化的な活動の中心でもありました。特にスター食堂の都会的な雰囲気が漂う洋食が人気を集めました。建物は、現存していますが、所有者は、時代とともに移り替わっています。

一方、昭和36年（１９６１）から始まった銀座防災街区造成事業は、約12年と長期にわたって実施され、これによる商店街の近代化とともに多くのお客様で賑わい、湖東第一の商業中心地として活況を呈していました。

近年では、平成10年（１９９８）に県立大学の学生グループ「ＡＣＴ」が「久左の辻」（同商店街と橋本・登り町グリーン通り・花しょうぶ通りの各商店街の接点）の空き店舗を拠点として、イベントスペース「Ｑ座」の名で商店街とともに活用してきました。

夏の土曜夜市や11月のゑびす講は、歩行者天国のイベントとして風物詩となっています。

彦根中央商店街振興組合

中央町は、江戸時代には伝馬町・通り町・油屋町・白壁町といった町がありました。また南に高宮口御門、北には切通し口御門、真ん中に油掛口御門という城下町への入り口にあたる要所を占めており、人びとの往来も多く、大店《おおだな》が軒を並べていました。それだけに明治から昭和の中期までは、銀座商店街とあわせて彦根最大の繁華街として栄え、今も当時の屋号を残す商店もあります。

昭和40年代に道路拡幅工事が行われ、昭和50年代後半には、アーケードとカラー舗装が完成し、通称「中央一番街」として親しまれています。

近年は、11月のゑびす講を「1日だけのヨーロッパ」と銘打って、商店街コンセプトの「伝統・洗練・上品」を実践しています。

四番町スクエア協同組合

この地域は、江戸時代には白壁町・内大工町・寺町といった町でしたが、明治12年（1880）に四番町となりました。大正10年（1921）、ここに彦根町営の公設市場が開設され、彦根の台所として長年親しまれてきました。その後の住居表示で中央町と本町一丁目となりましたが、新しいまちの完成をきっかけに「四番町スクエア」と旧町名を復活させました。

かつての彦根市場商店街は、日常の買い物客であふれた商店街でしたが、大規模小売店の影響で栄枯盛衰が目立ち始め、昭和50年代後半には、再開発事業に取り組みました。しかし、遅々として進まなかったこの計画は中止され、平成11年（1999）に彦根市本町土地区画整理組合により、全国で初めての中心市街地活性化法まちなか再生型土地区画整理事業の採択を受け、事業推進がおこなわれました。その結果「大正ロマン」をコンセプトに平成13年（2001）からTMOファサード整備事業を併用して、すべての建物を建て替えました。

また、駐車場整備や集客施設としての「ひこね食賓館　四番町ダイニング」は、彦根城・夢京橋キャッスルロードとともに彦根の顔としての役目を果たしています。

世界初のハイパーソニックサウンドによる「脳にやさしい音」への取り組みや「六童子」など話題性が多いまちとして、今後の面的な観光スポット、地元スポットとして全国から注目されています。

彦根夢京橋商店街振興組合

彦根城の築城と同時に、城下町の町割りも進められました。町人の居住地は本町を拠点にして町割りが行われたため、本町は城下各町の筆頭という立場にありました。江戸時代の本町と元川町が夢京橋商店街の区域にあたります。

京橋口から西に伸びる京橋通りは、長らく江戸時代以来の6mの道幅でしたが、平成元年（1989）に都市計画道路として車社会に対応するため、道路幅を18mに拡幅する街路整備事業により、全長350mの道路と同時に建物もすべて江戸町屋風に建て替える事業に着手しました。「OLD NEW TOWN～古い良さを生かした新しい活気のみなぎる町～」をコンセプトに住民主導のまちづくりを行いました。

すべての街区が完成した平成10年（1998）に彦根夢京橋商店街振興組合が設立され、通称「夢京橋キャッスルロード」として年間45万人を集客する商店街となりました。

また、観光スポットとしては、地元商店等出資の第3セクター「㈱夢京橋」にて「夢京橋あかり館」を運営し、その2号店として、まねき猫をマスコットにした「招福本舗」をオープンしています。

毎年夏に開催される「彦根ゆかたまつり」や「いい福招福まつり」は、市民や来街者にも定着し、好評を得ています。

彦根商店街連盟

昭和27年（1952）に東銀座（駅前商栄会・佐和町・おいでやす商店街・京町商店街）、繁栄会（登り町グリーン通り商店街）、上川原町共栄会（花しょうぶ通り商店街）、えびす会（花しょうぶ通り商店街）、橋本町共栄会（リバーサイド橋本通り）、彦根銀座街、一盛会（彦根中央商店街）、二番町商工会（彦根中央商店街）、市場会（四番町スクエア）、本栄会（彦根夢京橋商店街）、天神会（西部地区）の11商店街780店が加盟して彦根商店街連盟が誕生しました。

当時は、各商店街が山車《だし》を造って、子供歌舞伎を演じた春の商工まつりを始め、夏の二七の市、晩秋のゑびす講、年末の歳の市など季節ごとに大売り出しの開催などのお客様還元イベントを行ってきました。

現代にも受け継がれている伝統的行事やタウン誌『あっ‼』の発行などで、お客様に商店街の存在をアピールしています。

また、昭和39年（1964）にシール事業会社を設立しましたが、平成3年（1991）にポイントカード事業の「彦根CPカード㈱」に移行しました。加盟140店が顧客サービスにつとめ、満点カードは、ポイントを集めてイベントへの参加や500円の商品券として利用もできます（CPカードの写真は38ページ）。関連会社「彦根商店街振興㈱」を昭和58年（1983）に設立し、全市共通商品券事業を運営しています。これは、商店街加盟商店並びに大型小売店舗やタクシーなど約350ヶ所で利用できるものです。

平成17年（2005）から実施している「彦根城下町検定試験」は、時流に乗り商店街の認知度を向上させるとともに今後ますますの受験者増を見込んでいます。

彦根商店街連盟おかみさん会は、平成8年（1996）に設立し、交流会、研修会、牛乳パック回収等を実施しています。また、観光客のまち歩きを助けるために「商店街ご近所マップ」も製作されました。

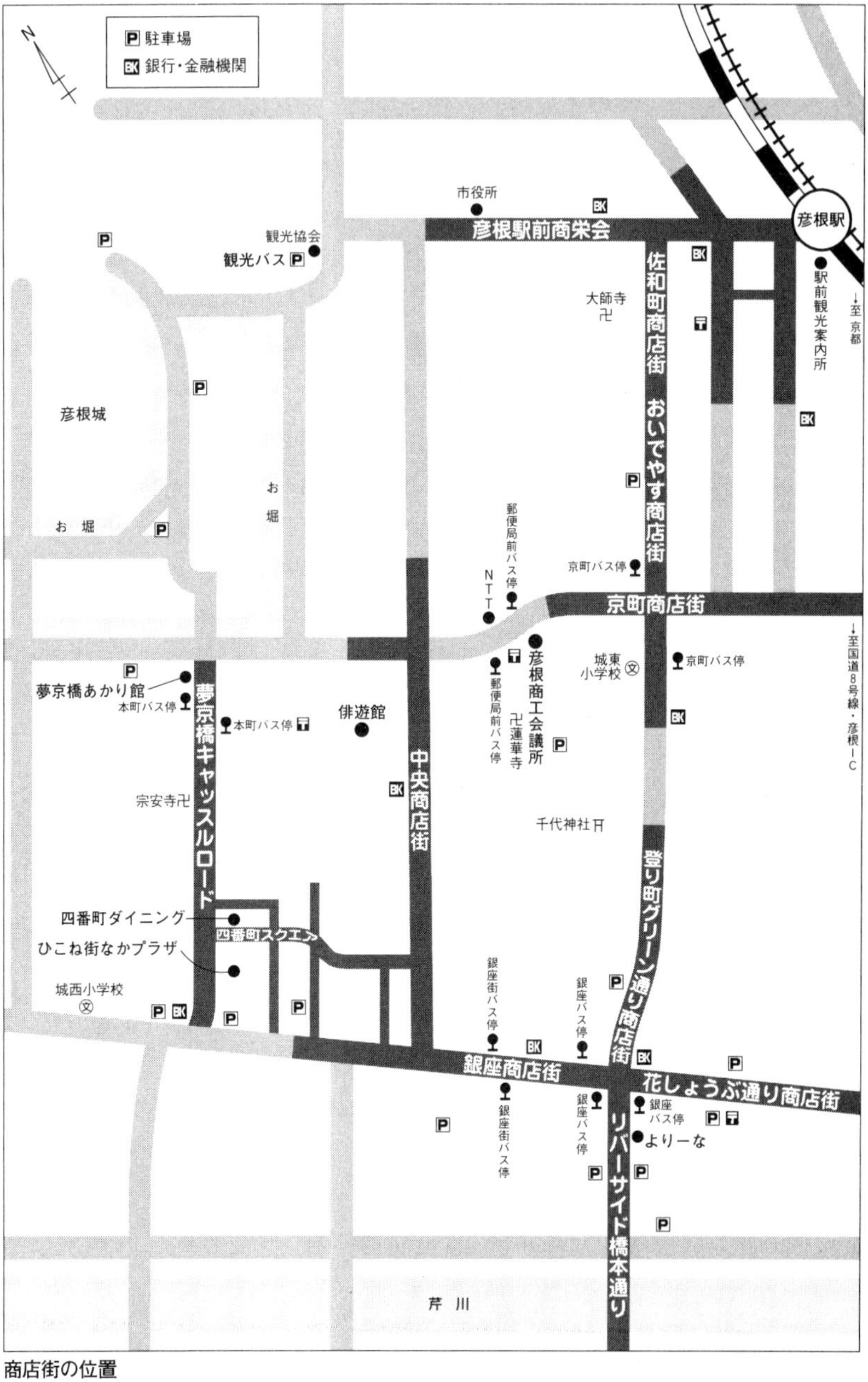
駐車場
銀行・金融機関
彦根駅
彦根駅前商栄会
市役所
観光協会
観光バス
彦根城
お堀
佐和町商店街
おいでやす商店街
大師寺
駅前観光案内所
至京都
京町バス停
京町商店街
郵便局前バス停
NTT
彦根商工会議所
蓮華寺
城東小学校
至国道8号線・彦根IC
夢京橋あかり館
本町バス停
夢京橋キャッスルロード
俳遊館
中央商店街
宗安寺
千代神社
登り町グリーン通り商店街
四番町ダイニング
四番町スクエア
ひこね街なかプラザ
城西小学校
銀座街バス停
銀座バス停
銀座商店街
花しょうぶ通り商店街
よりーな
リバーサイド橋本通り
芹川
商店街の位置

年中行事・イベント

開催日	行事・イベント	場所
1月9・10日	彦根十日えびす祭	
3月中旬から	彦根城梅まつり	彦根城内梅林
4月1・2日	だるままつり	龍潭寺
4月1日から	彦根城桜まつり	彦根城域
7月中旬	高宮納涼花火大会	犬上川無賃橋付近
下旬	鳥人間コンテスト選手権大会	松原水泳場
8月1日	北びわ湖大花火大会	松原水泳場
8月	人力紙飛行機コンテスト選手権大会	花しょうぶ通り
	彦根七夕まつり	市内商店街
	彦根ゆかたまつり	夢京橋キャッスルロード
8月上旬	ひこね万灯流し	芹川河川敷
8月8日	彦根ばやし総おどり大会	市内商店街
9月1日から30日	玄宮園で虫の音を聞く会	玄宮園
10月から11月	小江戸彦根の城まつり	彦根城域・市内各所
10月29日頃	井伊直弼奉告祭	金亀児童公園
11月3日	城まつりパレード	市内
11月中旬から下旬	錦秋の玄宮園ライトアップ	玄宮園
11月23日頃	ゑびす講	市内商店街
12月31日	除夜の鐘をつく集い	彦根城・時報鐘

＊年により日程・内容が変更することがあります。

彦根を舞台とした小説

小説	内容
舟橋聖一『花の生涯』(1964年)	大老井伊直弼を主人公とした小説。
三島由紀夫『絹と明察』(1964年)	昭和29年に起こった近江絹糸彦根工場の労働争議を題材にとった小説。
幸田真音『藍色のベンチャー』(のち『あきんど　絹屋半兵衛』と改称)(2003年)	湖東焼を始めた商人・絹屋半兵衛が主人公。
朱川湊人『花まんま』(2005年)	第133回直木賞を受賞した短編小説。
原田伊織『夏が逝く瞬間』(2005年)	昭和30年代の彦根や長浜を舞台にした鳥居本中学校の男子生徒と女性教師の純愛小説。
諸田玲子『奸婦にあらず』(2006年)	大老井伊直弼と関わった村山たかを主人公とする。第26回新田次郎文学賞受賞作品。

彦根がロケ地となった映画

映画	ロケ地
『西鶴一代女』(1952年)	天寧寺羅漢堂
『青い山脈』(1963年)	彦根市立西中学校
『夕笛』(1967年)	いろは松・堀端
『梟の城』(1999年)	玄宮園・いろは松石垣
『雨あがる』(2000年)	彦根城・玄宮園・楽々園
『たそがれ清兵衛』(2002年)	彦根城太鼓門櫓・西の丸三重櫓
『武士の一分』(2006年)	埋木舎
『大奥』(2006年)	玄宮園

＊ここには主なものを挙げています。

企画・編集　彦根商店街連盟広報部会
若林成幸（彦根商店街連盟）
嶋津慶子（彦根夢京橋商店街㈿）
端名英治（彦根駅前商栄会）
宮本真澄（佐和町商店街）
松本康夫（おいでやす商店街㈿）
中村泰始（登り町グリーン通り商店街㈿）
石田紀道（花しょうぶ通り商店街㈿）
富田恵一（彦根橋本町㈿）
小林昭一（彦根銀座街商業㈿）
大菅良治（彦根中央商店街㈿）
林　孝雄（四番町スクエア㈿）

執筆
野田浩子（彦根城博物館）
井上幸治（京都市歴史資料館）
安達　昇（彦根商工会議所）

協力
彦根市
彦根市教育委員会市史編さん室
彦根市立図書館
彦根市教育委員会文化財課
㈳彦根観光協会
彦根商工会議所
国宝・彦根城築城400年祭実行委員会

彦根城下町検定公式テキストブック

ひこにゃんと城下町を学ぶ本

2007年７月15日　初版第１刷発行
2007年８月25日　初版第２刷発行
2008年３月31日　初版第３刷発行

企画・編集　彦根商店街連盟広報部会
監　　修　彦根城博物館
発　　行　彦根商店街連盟
〒522－0063　滋賀県彦根市中央町３番８号
彦根商工会議所３階
TEL 0749－22－7303　FAX 0749－27－0134
発 売 元　サンライズ出版
〒522─0004　滋賀県彦根市鳥居本町655─1
電話 0749─22─0627　FAX 0749─23─7720

ISBN978-4-88325-335-7